# 성깔 있는 나무들

# 성깔 있는 나무들

**초판 1쇄 인쇄**  2011년 1월 15일
**초판 3쇄 발행**  2012년 7월 27일

**지은이**  최은숙
**펴낸이**  김승희
**펴낸곳**  도서출판 살림터

**기획**  정광일
**편집**  조현주
**디자인**  썸앤준
**일러스트**  이태수
**필름출력**  딕스
**인쇄 제본**  (주)현문
**종이**  월드페이퍼(주)

**주소**  서울시 마포구 서교동 395-27
**전화**  02-3141-6553
**팩스**  02-3141-6555
**출판등록**  2008년 3월 18일 제313-1990-12호
**이메일**  gwang80@hanmail.net

**ISBN**  978-89-94445-07-6  03370

살림터 참교육문예 02

최은숙 교육산문집

# 성깔 있는 나무들

살림터

사찰을 짓는 일본의 궁목수들에게 전해오는 구전 중에 "나무를 사지 말고 산을 사라"는 말이 있다고 합니다. 나무를 미리 살피고 준비해두는 일은 동량의 중요한 임무였습니다. 목재소에서 이미 켜놓은 나무를 사는 게 아니라 산에 직접 가서 나무가 자란 환경을 보고 성질을 파악하는 것이 먼저라는 뜻입니다. 산마루에서 비바람과 눈보라를 견디며 자란 나무는 단단하고 성질이 강하며, 수분과 영양이 충분한 골짜기에서 자라는 나무는 약하고 부드럽습니다. 그 성깔대로 적소適所에 써줄 때 한 그루의 나무가 천 년 고찰을 버티어주는 적재適材가 되는 것이랍니다.

아이들도 나도 역시 성깔이 있는 나무입니다. 어떤 사람이, 혹은 어떤 장소가 나에 대한 이해 없이 제 뜻대로 이렇게 저렇게 잘라 정해진 틀에 끼워 넣으려고 할 때, 내 속의 생명력이 말없이 그 잣대와 틀을 비켜서는 걸 느낍니다. 아이들도 내 사고와 방식 앞에서 그렇겠지요. 우리는 목재소에서 성깔을 제거해버린 합판이 아니어서 싱싱하게 부딪칩니다. 좋아하면서도 상처받고 이끌리면서도 밀어내고, 그러면서도 서로 놓지 않고 부대끼며 살고 있습니다.

내 앞을 지나가는 아이들의 여리고 푸른 한 시절, 적소適所를 찾아내기엔 아직 이른 때입니다. 다만, 각기 만만치 않은 녀석들의 성깔이 제대로 깊어지도록 방해하지 않고 지켜보아 주고 싶습니다.

학교는 작고 아름답고 여유로워야 교사와 학생 사이에, 교사와 교사 사이에 진정한 의미의 관계가 생기고 그 안에서 저절로 배움이 일어납니다. 청양중학교에서 저의 주당 수업시수는 평균 15시간이었습니다. 수업 준비할 여유가 있었고 학생들과 더불어 나눈 시간이 많았습니다. 처음 청양에 와서 담임한 반 학생들은 28명이었지요. 청양에서는 가장 크지만 학생 수가 300명이 채 안 되는 작은 학교라서 선생님들이 전교생을 다 압니다. 이 책에 실린 평화로운 이야기들은 그 조건 안에서 가능했던 것입니다. 학생 천 명이 넘는 학교에서 스무 시간 이상의 빡빡한 수업과 적지 않은 업무와 담임을 병행하던 때에 저는 입을 떼기 싫을 만큼 늘 피로했습니다. 아이들을 한 명 한 명 바라볼 여유가 없었지요. 이 책의 중간 부분에 실린 힘든 이야기들은 그때 쓴 글들입니다. 교사는 점점 줄고 수업시수는 늘어나며 작은 학교는 폐교하거나 통합하고 있으니 앞으로 학교가 평화롭고 따스한 가운데 다양한 모색을 하는 장소가 되긴 어려울 것 같습니다.

하임 G. 기너트가 말했지요. "그래도 교사는 교사다"라고요. 학교 현장의 절망적인 상황 속에서 그래도 나는 교사이며 동시에 모든 상황으로부터 배우고자 하는 학생임을 잊지 말자고, 학교라는 이 거대한 수레바퀴의 거침없는 전진에 모래알이라도 끼얹는 교사로 살아가자고 마음먹습니다.

청양에 와서 보낸 5년의 시간은 순수하고 깊고 아름다웠습니다. 동료 교사들과 벗하여 책 읽고 토론하고 여행을 함께하고 고민을 나누며 긴 날들을 보냈습니다. 스승이며 벗이었던 청양의 선생님들께, 그리고 교사인 나를 신뢰해주고 뜻을 품고 살도록 지지해준 학생들에게 고마움을 전합니다.

2011년 다시 새해를 맞이하며
청양에서 최은숙

# 차례

# 제3부 잠깐만 멈춰봐요!

# 제4부 지금은 조금 흔들려도 괜찮아

# 성깔 있는 나무들

# 피어라, 나의 봄

아침 8시에서 8시 5분 사이, 충남 청양군 정산면 칠갑산 마치고개에
이르면 자동차 시디플레이어의 전원도 끄고 창문을 내린다. 여기부
터 청양읍내의 학교까지 내가 가장 사랑하는 출근길이다. 고개 중턱
엔 차와 우동을 파는 가게 '피치카토'가 있다. 가게 이름에서 짐작되
는 것처럼 주인아저씨는 음악을 하는 분이었다고 한다. 그분이 돌아
가시기 전엔 근방에 사는 시인과 작가들이 자주 드나들었다는데 지
금은 호젓하다. 피치카토를 지나면 마치고개의 정상이고 거기에 칠
갑산 휴게소가 있다. 십칠 년 전의 칠갑산 휴게소는 서산 태안 쪽에
서 근무하는 교사들이 주말에 대전 혹은 공주에 있는 집으로 돌아가
다가 잠시 들러 쉬면서 점심을 사 먹는 곳이었다. "콩밭 매는 아낙네
야 베적삼이 흠뻑 젖는다. 무슨 사연 그리 많아 포기마다 눈물 심누

나." 주병선의 노래 '칠갑산'이 온종일 흘러나오는 고갯마루에서 비로소 초임교사의 긴장이 풀리고 집으로 돌아가는 설렘이 가슴을 가득 채우곤 했다.

　칠갑산 휴게소를 지날 때 내가 문득 바라보는 것은 정말 좋은 선생님으로 성장하고 싶었던 스물일곱 살의 열정, 푸르고 서툰 꿈을 품고 좌충우돌하던 시절의 싱싱한 자취이다. 나는 학교 가는 길을 사랑한다. 천장호수를 옆에 끼고 구불구불 내려가는 고갯길을 사랑하고 아직도 아침, 저녁으로 굴뚝에서 연기가 피어오르는 길갓집들을 사랑하고 산비탈 아래 펄럭이는 플래카드 '산닭 팔아유'를 보면서 '산에서 키운 닭'이다, 아니다 '살아 있는 닭'이라는 말이다, 그렇다면 '산'과 '닭'을 떼어 써야 한다. 주인은 아마 '산에서 키운 살아 있는 닭'을 팔 것이다, 하고 선생님들과 떠들면서 웃는 순간들을 사랑한다. 잊지 않은 약속처럼 작년 봄에 피었던 그 자리에 다시 피어나는 산철쭉의 연연함과 대치 터널을 빠져나오자마자 만나는 아름드리 느티나무가 시시각각 풍성하게 펼쳐주는 계절의 변화를 사랑하고 칠갑산 자연휴양림 나들목의 속도측정 카메라 앞에서 급브레이크를 밟으며 안도하는 순간도 좋아한다.

　오일장이 서는 청양읍내에 들어서면 자전거를 타고 학교 가는 아이들이 보이기 시작한다. 그렇게 혼을 내도 아랑곳하지 않고 뒤꽁무니에 친구를 태우고 아슬아슬 곡예 운전을 한다. 아침부터 막대사탕을 물고 학교와 반대 방향으로 걸어가는 한 떼거리의 '노는' 놈들도 있다. 슬리퍼를 찍찍 끌고 가는 녀석, 책 한 권 들어 있지 않은 것처럼 부피감 없어 보이는 가방을 엉덩이까지 길게 늘어뜨려서 달랑거리고 가는 녀석, 껌을 짝짝 씹으며 가는 녀석…….

왼쪽으로 구부러지면 청남 가는 길, 오른쪽으로 살짝 구부러지면 정산 방향, 단순한 곡선으로 표현되는 청양 가는 길의 도로 표지판, 그것까지도 정답게 느끼는 마음의 바탕에 저 아이들이 있다. 난 이제 칠갑산 휴게소에서 산채비빔밥을 먹던 스물일곱 살 초임교사 때처럼 좌충우돌하지 않고, 그때처럼 풋풋한 꿈에 푸르게 젖지도 않는다. 그래도 아이들은 내 안의 마지막 물기를 마르지 않게 한다. 교사라는 내 자리를 한 번 더 돌아보게 한다.

청양에 와서 맞은 첫 봄은 하느님이 내게 주신 선물의 첫 페이지였다. '어디든 내가 가게 되는 그곳이 나에게 가장 좋은 곳이 될 거야. 하느님께서 어떤 뜻을 담고 나를 거기에 데려다 놓으실 것이다. 지내다 보면 천천히 알아지겠지.'

8년의 근무 기한을 채우고 천안을 떠난 그해 봄, 나는 한두 번 이름은 들어본 적 있는 청양중학교에서 7교시 자율학습 감독을 하고 있었다. 창밖으로 논밭이랑 산비탈에 한창 피어난 조팝꽃 무더기를 보면서 마치 오래전부터 거기 있었던 것처럼.

사는 일이 참 묘하다고 생각하면서 새삼스럽게 반 아이들을 둘러보았다. 책을 읽는 녀석, 소곤소곤 떠드는 녀석, 자는 녀석, 그중에 영인이와 호식이가 나와 눈이 마주쳤다. 두 녀석은 장난을 치고 있었기 때문에 움찔 놀라면서 눈치를 살폈다. 손짓으로 불러내어 둘을 데리고 밖으로 나왔다.

"꽃 꺾으러 가자."

벌 받을 줄 알고 따라 나왔다가 녀석들은 눈이 휘둥그레졌다.

"교실에 꽂아놓게."

"우리 그럼 자율학습 안 해도 돼요?"

"안 하고 있었잖아."

영인이와 호식이는 깔깔대고 웃더니 앞질러 뛰어갔다가 되돌아오고 같이 걷다가 다시 뛰면서 신이 났다. 셋이서 꽃을 꺾으며 산비탈을 돌아다니는데 갑자기 왼발이 밭으로 푹 빠져들었다. 중심을 잃고 밭둑에 주저앉았다. 아이들이 뛰어왔다. 왕겨가 덮여 있어서 몰랐는데 그건 잘 삭아가는 똥 두엄이었다. 발을 빼고 보니 똥거름이 다리에 더덕더덕 묻고 신발 속에도 그득했다.

"아, 이게 뭐야. 어떻게 해!"

영인이와 호식이는 똥통에 빠진 담임을 보고 웃음을 참느라고 얼굴이 새빨개졌다.

"우리가 앞에 갔어야 했는데, 선생님이 빠졌으니 어떻게 하지."

호식이의 순한 음성이 나를 놀라게 했다. 두 아이가 배를 끌어안고 웃으며 놀려댈 줄 알았다. 웃음을 참느라고 고개를 숙였다가 뒤돌아서 딴 데를 보는 아이들이 사랑스러워서 가슴이 가득했다. 호식이는 내 실내화를 가지러 학교로 달려갔다. 영인이는 꽃묶음을 들고, 나는 똥 묻은 신발을 들고 맨발로 터덜터덜 들길을 걸었다. 거름이 워낙 잘 삭아서인지 냄새는 별로 나지 않았다. 냉이꽃과 꽃다지가 지천이었다. 노랗고 흰 뭉게구름을 밟고 걷는 것 같았다.

"선생님이 똥통에 빠진 게 소문이 나면 어떻게 되겠어요. 자율학습 끝나기 전에 얼른 가서 씻어야 해요."

수업시간에 주로 잠을 자는 영인이가 이런 난감한 상황에서는 오라비처럼 의젓했다. 운동장 수돗가에서 호식이가 비누랑 슬리퍼와 체육복을 챙겨 들고 기다리고 있었다. 수돗가에도 햇살이 포근했다. 체육복으로 갈아입고 바지를 빨다가 눈을 감고 하늘을 보았다. 어린 시절에도 느지막이 일어나 샘에서 세수를 하다가 눈을 감고 하늘을 보면 햇살이 얼비쳐 세상이 이렇게 황금빛으로 느껴졌었다.

부드러운 바람, 향긋한 풀 냄새, 자율학습이 끝나는 것을 알리는 종소리…… 하느님께서 왜 나를 여기에 데려다 놓으셨을까? 눈을 감고 황금빛 햇살을 느끼면서 내 마음속에 떠오르는 낱말들은 그것이었다. 위로, 격려, 그리고 사랑.

수업 중에도 영인이, 호식이와 눈이 마주치면 나는 웃음이 나는데 저희는 내색도 하지 않았다. 우리들 사이에 비밀이 생긴 것이다. 똥통에 빠지는 불의의 사고가 있기 전엔 영인이는 수업 중에 잠만 퍼 자는 놈이었다. 그 뒤로도 자는 건 마찬가지인데 '잠도 자지만 남의 부끄러운 점을 놀리지 않고 덮어주고 입을 굳게 다무는 성품을 가진 아이'라고 생각하게 되었다. 야생화 탐구반 활동을 갔다가 고사리를 꺾어다 주는 아이, 비질을 꼼꼼하게 하는 아이이기도 했다. 어떻게 사람을 '잠만 퍼 자는 놈'이라고 딱 한 가지로 평가하면서도 답답한 줄을 몰랐을까? 얼마 뒤 호식이가 생일을 앞두고 아빠를 따라 전학을 가게 되어서 미리 편지를 썼다. 비밀을 지켜주어 고맙다는 이야기도 썼다. 호식이가 뛰어왔다.

"그걸 편지에 쓰시면 어떻게 해요? 아이들이 다 봤어요. 난리 났어요!"

너한텐 뭐라고 썼나 보자, 보자, 하고 녀석들이 호식이 옆에 몰려들어 편지를 같이 보는 바람에 그만 다 들통이 나고 말았다는 것이다. 교실에 들어가니 칠판에 똥 무더기와 나를 그리던 녀석들이 돌아보며 하하 웃었다. 그 얼굴들이 환한 봄꽃 같았다.

피어라, 나의 예쁜 꽃들아. 이 꽃들을 안고 내 젊음은 똥거름처럼 푹 곰삭아라.

# 지금, 여기 있는 내 친구들

일호가 가르쳐준 대로 비봉면 구기자 실험장까지는 잘 찾아갔는데 그 다음부터는 일호의 설명이 모호했다.

"거기서 큰길 따라 쭈욱 올라오다 보면 왼쪽으로 작은 샛길이 있는데요, 그 길 말고 그 옆에 있는 길로 쭉 오다……."

이게 길인가 싶은 논두렁 샛길로 들어갔다 나왔다 하면서 돌아다녔지만, 일호 말대로 '고인돌 마을'이라고 쓴 커다란 바위는 나타나지 않았다. 전날 석호네 집에 갈 때도 그랬다.

"그때 선생님이 저 내려주신 데 있잖아요. 거기서 쪼끔 내려오면 논 많은 데 그 동네로 오면 되거든요."

내가 볼 땐 여기나 저기나 온통 논인데 석호가 보기엔 저희 동네가 가장 논이 많은 것 같은가 보다. 헤매면서도 웃음이 나왔다. 온통 논

이고 밭이고 산이라 뭐라고 설명을 하기가 어려울 만도 했다. 결국,
석호는 핸드폰을 들고 한참이나 내려와야 했다.

"지금 하얀 트럭 하나 큰길로 나갔는데 보이세요? 그 트럭 나간
길로 들어오세요."

석호네 집은 그렇게 간신히 찾았는데 핸드폰도 없는 일호는 집 전
화를 붙들고 설명을 하느라 애를 쓰다가 아무래도 안 되겠던지 그냥
구기자 실험장 앞으로 가 계시라고 하더니 자전거를 타고 달려왔다.
수업 끝난 뒤 같이 가면 편할 것을, 게으름을 피우다가 방학이 되어
서야 찾아가느라고 아이들을 괴롭혀서 미안했다. 학기 초부터 아이
들 사는 집을 한 번 꼭 찾아가 보리라 마음먹었지만, 도무지 짬이 나
지 않았다.

"미안!"

"예."

일호는 만나자마자 곧바로 자전거를 돌려서 산비탈을 올라가기
시작했다. 일호의 등이 땀으로 흠뻑 젖었다. 어린 제자가 자전거를
끌고 올라가는 가파른 길을 선생인 내가 차를 타고 편안하게 올라
가자니 바늘방석에 앉은 것 같았다. 게다가 그렇게 오래 갈 줄은 몰
랐다.

"일호야. 거기 자전거 세워놓고 같이 차 타고 올라갔다가 이따 와
서 천천히 끌고 가자."

"괜찮아요."

일호는 돌아보지도 않고 계속 페달을 밟았다. 어쩌면 그렇게 한 번의 내리막도 안 섞인 오르막인지 같이 걸어가고 싶어도 차를 세울 만한 마땅한 장소가 없었다. 일호네 집은 그 길이 끝나는 맨 꼭대기 집이었다. 할머니는 비 내리는 날만 빼고 날마다 그 길을 걸어 구기자 실험장에 일을 나가신다고 했다. 일호 남매도 큰길까지 걸어 내려가 아침 첫차를 타고 학교에 간다. 청양읍내 여자정보고등학교에 다니는 일호 누나는 며칠 전 차 시간에 맞추느라고 비탈을 뛰어 내려가다가 넘어지는 바람에 시멘트 길에 갈려서 무릎이 피투성이가 되었다. 왜 이렇게 산꼭대기에 사느냐고 아이들이 불평하면 그래도 너희는 나보다는 낫다, 할머니야 죽을 때까지 걸어 다녀야 할 길이지만 너희는 커서 나가면 자가용 끌고 올 거 아니냐고 하신다고 했다.

할머니께서 오늘 읍내 병원 가서 주사 맞고 약 타오는 길에 사온 거라고 종이 봉지에 싼 호떡을 내놓으셨다.

"일호야. 뭐혀. 얼릉 음료수랑 포도 씻은 거랑 내와."

일호는 할머니 말씀대로 오렌지 주스도 내오고 포도도 내왔지만 저는 먹지 못했다. 한 번도 쉬지 않고 비탈길을 올라와서 어지럽고 숨이 가쁜 것 같았다.

"으이그, 그렇게 생각이 없으니. 미련한 놈 같으니 그냥 걸어 내려갔다가 선생님 차를 타고 올라오면 될 거지."

할머니가 타박을 하셨다. 거기까지 생각이 미치는 일호가 아니다. 담임선생이 오래 기다릴까 봐 이것저것 생각할 틈 없이 자전거를 타고 휘달려 왔을 테고 선생이 뒤따라 오니 쉬어가겠다는 마음은 먹어 보지도 못했을 것이다. 말 그대로 쪼개지 않은 통나무 같은, 순박한 일호의 바탕이 소중하고 고마웠다. 일호 같은 아이들과 이렇게 계속 지낼 수 있다면 어느 날엔가 나도 잃어버린 나의 순박을 찾을 수 있을지 모른다. 할머니는 아들, 며느리 대신 남매를 키우게 된 이야기를 두런두런 하셨고 가정방문을 왔다기보다 외가에 온 것 같은 기분이었다. 손에 쥐여주시는 호떡도 먹고 오렌지 주스도 마시면서 한참 놀다가 일어섰다. 일호가 헛간에 걸린 마늘 한 접을 낫으로 떼어 비닐봉지에 담아주었다.

"잘 먹을게요. 할머니."

그 말밖에 못 했다. 다음 날 할머니께 전화할 일이 생겼다. 일호에게 장학금이 나왔는데 기초수급 대상자 확인서와 통장 사본이 필요했다.

"일호, 지 누나랑 방학 됐다고 서울 사는 작은아버지한테 오늘 갔어요. 수고스러우시더라도 선생님이 오셔서 떼 가셔야지 할 수 없네."

할머니는 구기자 실험장에서 일하다가 큰길에 나와 기다리고 계셨다. 면사무소에 모시고 가서 필요한 서류를 뗀 다음에 통장을 가지러 집에 갔다. 할머니가 통장을 꺼내 오는 곳은 방이 아니라 마당 옆에 있는 ○○였다. 거기가 비밀장소인 모양이었다. 낮엔 늘 집이 비니까 통장 둘 곳이 마땅치 않으셨나 보다. 요즘 세상에 통장을 감추는 사람이 어디 있나 싶어 웃음이 나왔다. 일호의 순박함은 할머니를 닮은 건가 보다. 자식에게 물려줄 수 있는 가장 큰 복이 이런 것이겠다 싶기도 했다.

"잠깐만 계셔봐. 어제 선생님 가시고 나니께 냉동실에다 반죽해서 넣어놓은 거랑 완두콩 까서 얼려놓은 게 그제야 생각이 나잖어. 일호 할아버지 살았을 때, 손님 가고 난 뒤 후회 말고 집에 계실 때 대접 잘하라고 늘 그랬는디 내가 머리가 나뻐."

할머니는 기어이 완두콩과 쑥떡 반죽을 차에 실어주셨다. 어쩌면 이렇게 내가 좋아하는 걸 잘 아시나 모르겠다. 할머니를 구기자 실험장에 다시 모셔다 드렸다. 추석에 집에 다녀가는 딸 보내듯 할머니는 손을 내저으며 어여 가라고 하신다.


아는 아픔.

아이들의 집을 다니면서 떠오른 말이다. 이 아픔을 안다. 아이들에게 오는 아픔이 선생이라고 비켜 가라는 법은 없다. 권정생 선생님 말씀대로 외롭고 슬프다고 쩨쩨하게 툿대 걸고 살지 않을 뿐이지, 선생도 시시때때로 외롭고 슬프고 불안한 삶을 끌어안게 된다. 나는 내 삶이 행복하기를 바랐다. 행복해야만 한다고 생각했다. 행복이란 것이 완성된 형태로 어느 지점에서 나를 기다리고 있는 것인 줄 알았다. 행복과 불행이 크게 다른 게 아니란 것을, '지금, 이 자리'를 소중하게 여기는 마음의 평화가 굳이 이름 붙이자면 행복이란 것을 나를 가르쳤던 학교는 왜 말해주지 않았을까, 가끔 바보 같은 질문을 해본다. 가슴이 아프다. 학교는 내게 이상한 가치관을 심어준 곳이다. 미래를 위해서 지금 이 순간을 반납해야 한다는 것 말이다. 지금 누릴 수 있는 여유와 평화를 포기하면 미래에 완성된 행복이 안겨올 것이라는 허구 말이다. 이런 생각은 나도 모르는 사이에 뼛속까지 스며들어서 나는 '지금, 이 자리'에서 한 번도 행복을 느껴보지 못했다. 늘 뭔가 부족하다고 생각했다. 바르지 못한 자세로 오랫동안 의자에 앉아 있으면 몸에 무리가 오고 병이 오는 게 당연하다. 삶을 바라보는 잘못된 태도가 내게 고통을 가져다주었고 아이러니하게도 학교를 대신해 삶을 진실하게 가르쳐준 건 그 고통이었다.

인간의 삶은 영화나 소설과는 참 다른 것 같다. 허구의 세상 속에선 한 인간의 지극한 고통이 자신과 주위를 변화시키기도 하고 아름다운 평화를 가져오기도 하지만 화면 바깥세상에서 고통은 죽을 때까지 그냥 고통일 뿐, 영화처럼 아름답지도 않고 평화를 만들어내지 못할 수도 있다. 달라질 수 있는 것은 고통을 대하는 마음뿐일지도 모른다.

철이네 집은 산비탈이 아니라 읍내에 있었고 헛간과 비닐하우스가 있는 집이 아니라 마당에 잔디와 돌이 예쁜 집이었다. 어머니는 젊고 예쁘고 쾌활했다. 담임선생이 온다고 집집마다 대청소를 해서 집들이 어찌나 깨끗한지 몰랐다. 쓰레기를 세 자루나 내갔다고 실토하여 엄마를 민망하게 하는 녀석도 있었다.

"항상 이렇게 집이 깨끗한가요?"

농담을 하며 이야기를 시작했다. 차도 마시고 과일도 먹고 즐겁게 이야기를 나누다가 진학문제에 이르러 아빠 생각은 어떠시냐고 별 생각 없이 물었다. 철이 어머니는 잠시 곤란한 표정을 하시더니 철이에게 물었다.

"선생님께 말씀드려도 돼?"

"응."

철이가 고개를 끄덕였다.

"아빠하고는 헤어졌어요. 그래서 제가 아이들에게 온통 더 마음을 쓰는 건지 몰라요. 미안하고 안쓰럽고 아무리 최선을 다해도 뭔가 부족한 것 같아요. 이 집은 아이 아빠가 지은 거예요. 여기가 제 고향이에요. 그래서 더 힘들었어요."

너무나 뜻밖이었다. 철이 어머니는 웃으면서 울었다. 철이 어머니가 하는 이야기가 무엇인지 몇 마디만으로도 알아들을 수 있었다. 고스란히 그 아픔을 같이 느끼며 앉아 있었다. 그리고 하느님께 감사했다. 내가 아이들보다 부유하지 않은 것에 대해서, 아이들보다 화려한 삶을 살고 있지 않은 것에 대해서, 거짓 없이 함께 아플 수 있는 것에 대해서. 우리는 다시 웃으면서 헤어졌다. 별로 위로도 못 해드렸는데 철이 어머니가 같은 식당에서 일하시는 우리 반 학생 어머니에게 나를 인계하면서 말했다.

"언니, 우리 선생님 정말 좋아."

오늘 내가 만나는 이 아이들이 내게 아주 소중한 존재라는 걸 안다. 그리고 내 마음이 그들에게 이끌린다.

우리는 숲이다. 상처가 없는 나무도 아름답고 상처가 있는 나무도 아름답다. 비가 촉촉이 내리는 날도, 눈부신 햇살의 날도 아름답다. 그게 '자연스럽다'라는 말의 뜻일 것이다. 나무인 내가 나무인 그들과 서로 이끌려 숲으로 확장되어가는 소중한 하루, 소중한 장소가 '지금, 여기'라는 걸 나는 내 사랑스러운 친구들에게 속삭여주는 선생이 될 거다.

# 나의 교실

선생님께 하는 부탁 12

1. 아침밥을 꼭 먹고 오실 것

2. 지각하더라도 잠은 푹 주무실 것

3. 무슨 핑계를 대서라도 하루쯤은 푹 쉬실 것

4. 기초적인 운동을 해서 몸매 관리를 하실 것(너무 많이 하지는 마실 것)

5. 항상 웃으실 것

6. 시도 때도 없이 웃지 말 것

......

중학생 제자가 적어 내려간 열두 가지 부탁을 읽다가

5번과 6번 사이에 발꿈치를 들고 서 있는 녀석을 만납니다

이해되는 모순, 열다섯 소년의 강짜가 사랑스럽지만

선생님과 똑같이 167cm라고 하는데

머리를 쓰다듬어 주는 건 실례입니다

칠갑산 깊은 골에 사는 농부의 아들

일이 몸에 배어 있는 요한이는 일찌감치 일어나

새벽밥을 먹고 첫차를 타고 우체국 앞에 내려

뽀드득 뽀드득 새벽길을 걸어옵니다

아직 난로도 안 피운 교무실 담임선생의 책상 위에

지난밤 정성껏 적은 비밀 일기장을 올려놓고 갑니다


어린 제자의 열두 가지 부탁은 꽃분홍색.

선물 같은 열두 개의 부탁을 들여다봅니다

가장 바쁠 때, 탁! 손 털고

하루쯤 푹 쉬어보겠습니다

아침밥 따뜻이 지어 먹어야겠습니다

적당한 운동으로 몸매 관리를 해야겠어요

너무 많이는 말고


시도 때도 없이 웃지 말아야 할 텐데

세상이 환합니다

우리 반엔 '의자'라는 이름을 가진 공책이 하나 있었다. 새 학기, 아
직은 낯이 선 3월에 돌아가면서 일기를 썼다. 첫 장은 내가 썼다.

'내 마음은 열여섯 살이야. 우리 친구하자.'

거기에 답장을 쓴 녀석이 요한이다.

'제 마음은 열여덟 살이에요. 오빠라고 불러주세요.'

마흔 살도 넘은 선생에게 중학생 오빠가 생기다니 얼마나 멋진 일
인지. 남학생들은 뭘 쓰는 걸 아주 싫어하는데 남의 일기에 답글까지
달아가면서 일기장을 채워가는 아이들의 다정다감함, 섬세함이 내
마음을 사로잡았다. 하루는 요한이가 학급일기 말고 선생님과 나,

둘만의 교환 일기를 쓰고 싶다고 깜찍한 요청을 했다. 요한이는 할 이야기가 많은 학생이었다. 한 달에 한 번꼴로 오는 학급일기를 기다리는 건, 성에 차지 않았을 것이다. 생각을 좀 했다. 이 바쁜 일과 중에 날마다 교환 일기까지 쓰는 시간이 날까? 요한이에겐 담임선생이 하나이지만 나에게는 스물여섯 명의 학생이 있는데 공평치 못한 것 아닌가? 다른 학생들이 안다면 소외감을 느끼지 않을까? 생각을 좀 더 해봤다. 너에게만 특별한 일을 해줄 수 없다고 해야 하는 건가? 모두를 생각해서 한 명에게 상처를 주는 게 옳은 건가? 나는 스물일곱 명의 담임이 아니라 영광이, 일호, 영인이, 호식이, 종완이, 순규, 이서, 한 명 한 명과 제각기 특별한 관계를 맺은 담임이다. 요한이에게 담임이 하나뿐이듯, 나도 요한이 앞에선 스물일곱 명의 선생이 아니라 요한이의 선생이다. 바빠서 학생과 마음을 나눌 틈이 없다면 내가 또 쓸데없는 일로 분주한 것이다.

아침에 학교에 가면 요한이가 갖다 놓은 푸른색 일기장이 책상 위에 단정하게 놓여 있었다. 요한이의 일기 혹은 편지를 읽으면서 나의 하루는 시작되었다. 웃음이 터질 때도 있고 코끝이 찡해 오기도 했다. 요한이는 내 일과 속에 행복하고 여유로운 시간을 만들어주었다. 수업이 없는 빈 시간에 나도 일기를 썼다. 책을 읽다가 좋은 글이 있으면 복사해서 붙여주었다. 청소를 마치고 요한이는 담임선생의 책상 위에 놓여 있는 일기를 가지고 집에 돌아간다. 읽을까 말까? 꾹 참고 집에 가서 읽자. 조금만 읽을까? 선생님이 안 썼으면 어떻게 하지? 생각하면서. 요한이네는 비닐하우스가 열두 개나 된다. 배추 모종도 하고 토마토도 심고 거두고 요한이 어머니 말씀이 남매의 손을 빌리지 않으면 그 많은 일들을 추어낼 수가 없다고 한다. 일이 몸에 밴 요한이는 교무실 청소 당번인데 일일이 분리수거를 하고 쓰레기통을 비우는 모습을 보면 얼마나 성실하고 야무진지 어른인 내가 부끄러웠다. 나는 휴일도 있고 방학도 있지만 어린 제자는 좀처럼 휴일도 없다. 여름 내내 일해서 새카맣게 탄 요한이에게 선물을 하나 주기로 했다.

'선생님과 손잡고 바닷가를 거닐면서 듀엣으로 노래 부르기.'

그것이 요한이가 받고 싶은 선물이라고 한다. 요한이와 데이트를 하루 한다고 했더니 안 그래도 하루쯤 정말 쉬게 해주고 싶었다고 요한이 어머니는 무척 고마워하셨다. 말로만 듣던 낭만의 겨울바다를 중학생 제자와 걸었다.

"무슨 노래를 할까?"

"향수요."

"정지용의 향수? 그 노래를 아니?"

"예."

요한이가 노래를 아주 잘한다는 걸 그때만 해도 몰랐다. 축제 때 무대 위에서 최신 발라드를 열창하는 녀석을 보면서, 음치 중의 음치인 담임을 위한 선곡을 하고, 맞춰 불러주느라 애를 썼구나 생각했다. 정지용 시인의 향수를 부르면서 손잡고 바닷가도 걷고, 도서관에 간다고 거짓말하고 오락실에 갔다가 아빠한테 걸려 엄청 맞은 이야기도 실감나게 듣고, 매운탕도 먹고, 천상병 시인 생가에도 들르면서 하루를 멋지게 보내고 돌아왔다. 제자들 중에서 시 쓰는 농부가 나왔으면 하는 게 나의 즐거운 상상이다.

"제가 시 쓰는 농부가 될까요?"

하고 요한이가 물었다. 그렇다면 앞으로 요한이가 나의 스승이 될 것이다. 올해 녀석의 성적이 갑자기 뛰어올라서 약속대로 소풍 날 바이킹을 타야 했는데 정말이지 태어나서 단 한 번도 바이킹 같은 걸 타 본 일이 없다. 너무 무서웠다. 요한이는 물론이고 우리 반 녀석들은 좋아 죽으려고 했다.

"요한아, 너희 담임선생님이 그렇게 좋아?"

어느 날 교무실에서 선생님들이 물으셨다.

"네."

"나는?"

어쩌나 보려고 도덕 선생님도 물으셨다.

"온리(only)예요."

선생님들이 웃음을 터뜨렸다. 녀석은 쑥스러워하면서 달아나버렸다. 이렇게 투명한 영혼들을 품을 자격이 있는지. 어린 제자들의 깨끗하고 지극한 마음이 나를 지탱해준다. 아이들은 정지용의 시처럼 '아무렇지도 않고 예쁠 것도 없는' 나를 북돋워준다. 특별히 공부를 잘 가르치는 것도 아니고, 부지런하지도 않고, 자기들보다 일도 잘 못하는 내가 그래도 소중한 사람이라는 느낌을 갖게 해준다. 지각을 하더라도 아침밥을 꼭 먹고 오라고 말해준다. 몸매 관리를 하되 너무 예뻐지지는 말라고, 늘 웃되 아무한테나 시시때때로 웃지는 말라고 강짜를 부려서 내 콧대를 높여준다. 아이들 때문에 학교 오기가 즐겁다. 아이들에게 받은 가장 큰 선물이 이것이다. 배운 것이다. 사람과 사람 사이에 필요한 게 무엇인지.

이제 아이들이 졸업을 한다. 요한이는 풀무농업고등기술학교로 진학했다. 영광이는 공주대학교부설고등학교로, 보람이는 논산 대건고등학교로, 기성이와 영주는 홍성고등학교로, 명섭이는 청양농업고등학교로 새로운 배움터를 찾아간다. 새 학기엔 또 어떤 녀석들이 교실에 들어올까? 눈이 반짝이고 웃음이 깨끗한 소년들이 기대에 찬 눈빛으로 탐색을 할 것이다. 우리 담임은 어떤 사람일까? 그 눈빛으로 하여 우리 교실부터 환할 것이다. 요한이가 선물로 주고 간 겨울 바다의 시원한 바람과 노랫소리가 우리 교실에 따뜻하고 환한 여운으로 머물 것이다.

# 쓸모없음이 가진 의미

학교 뒤편 북쪽 울타리 아래 선생님들도 학생들도 잘 모르는 땅이 있다. 숲도 아니고 밭도 아닌 비탈진 언덕에 백 평 남짓 제법 너른 공터가 봄볕에 한가로이 놀고 있다. 교실이 있는 건물과 동떨어져 있어 평소엔 아이들의 발길이 닿지 않는 곳이다. 오늘 아이들과 거기에서 뽀얗게 살 오른 쑥을 뜯었다. 교실에서 나오기 전에, 쑥 잎이 낱장으로 흩어지지 않도록 대궁 바로 아래 칼을 대고 깨끗이 잘라낸 다음 누른 잎과 마른 덤불을 떼어내고 소쿠리에 넣으라고 일러주었다. 지난주에는 1학년 1반이 나와서 아직 어린 쑥을 뜯었다. 아이들이 한 봉지씩 가져온 쌀을 모아 퇴근길에 연우당 언니께 맡기면서 콩가루에 굴린 쑥인절미를 해달라고 부탁했다.

"그럼 이 쌀은?"

나는 언니가 하는 말을 못 알아듣고 대답했다.

"이 쌀로 해달라고."

"이건 멥쌀이잖아. 인절미는 찹쌀로 하는 겨. 아이고, 너 그래가지고 어떻게 선생을 하나?"

그런가? 인절미는 족보가 다르구나. 그래서 절편을 하기로 했다. 다음 날 아침 학교 가는 길에 떡을 찾아가기로 하고 헤어지면서 언니는 떡 연구하는 분답게 인사했다.

"야, 우리 적어도 멥쌀, 찹쌀은 구분하고 살자."

아이들 먹일 떡이라고 뜯어놓았던 쑥을 더 보태고 떡살 무늬까지 찍어서 보기에도 먹음직스럽고 맛있는 절편을 한 말도 넘게 해주었다. 서른두 개의 봉지에 똑같이 나눠주었는데 옆 반 친구도 주고 싶고 동생도 주고 싶고 엄마께도 갖다 드리고 싶어서 아이들은 아껴 먹었다. 아껴 먹으면서도 저희 담임과 내 것도 챙겨주었다. 배부르게 먹은 것보다 아껴 먹고 나눠 먹어서 오래 기억될 것이다. 2반 아이들이 쑥을 뜯을 차례가 되어서 물었다.

"절편을 해먹을까? 아니면 인절미를 할까?"

"인절미가 맛있어요!"

"인절미는 찹쌀로 하는 거야. 찹쌀이 뭔지는 알아?"

"알아요! 멥쌀은 투명한 거고 찹쌀은 흰색이에요. 근데 요새 찹쌀 값이 비싸대요. 한 말에 삼만 원이나 한대요."

범수가 똑 떨어지게 대답했다. 야, 나는 속으로 놀랐다. 나보다 훨씬 낫잖아…… 비싸서 많이 못 가져올 줄 알았는데 찹쌀 역시 한 말 넉넉하게 걷혀서 2반 성훈이네 집에 맡겼다. 시내에서 떡방앗간을 한다고 아이들이 추천했다. 쑥을 담은 소쿠리와 찹쌀을 나누어 들고 성훈이 친구들이 방앗간으로 갔다. 성훈이 어머니는 콩인절미와 검은깨인절미를 반씩 해서 따끈따끈하게 배달해주셨다. 덤으로 2반 담임선생님과 나에게 집에서 짠 들기름 한 병, 고춧가루 한 봉지씩 선물로 보내주셨다. 인절미의 고소한 냄새가 복도에까지 진동했다. 철없는 녀석들로만 알았는데 성훈이에게 맛있다고 인사할 줄도 알았다.

그리고 오늘은 마지막 3반, 시험 끝나기를 기다리는 사이 봄비가 몇 차례 지나가고 쑥은 훌쩍 자랐다. 금방 한 소쿠리가 찰 것 같았는데 3반 녀석들은 쑥보다 다른 데 더 관심이 많았다. 개뼈다귀가 굴러다닌다고 호들갑을 떨고, 한 녀석이 풀숲에서 매미 허물을 발견하고 소리를 지르면 쑥 뜯다 말고 거기로 우르르 달려가고, 두루마리 화장지를 나뭇가지에 꿰어가지고 와서 밭 가운데 누가 똥을 한 무더기 누고 화장지를 통째로 버리고 갔다고 일렀다. 병국이는 쑥도 제대로 안 뜯고 어지간히 뛰어다니더니 밤송이 가시에 찔려서 보건실로 갔다. 임명희 선생님이 무릎과 손가락에서 밤 가시를 열 개도 넘게 뽑았다고 하신다. 결국 3반 녀석들은 소쿠리를 아주 헐렁하게 간신히 채웠다.

그래도 참 예쁜 녀석들, 쑥을 뜯다가 제비꽃을 한 송이 따다 주기도 한다. 소쿠리 한쪽에 보랏빛 제비꽃을 얹어놓으면서 나는 행복하다. 1반 아이들도, 2반 아이들도 그랬다.

"제 마음을 받아주세요."

"어머나, 정말? 우리 결혼하자."

조그만 남자아이들이 내미는 한 움큼의 풀꽃을 받고 감동하여 맞장구를 치면 귀여운 녀석들은 싫다고도 안 하고 안 된다고도 안 하고 수줍게 웃으면서 흐뭇한 표정으로 쑥을 뜨으러 돌아선다. 공터엔 우리들이 이렇게 아기자기하게 놀 수 있도록 민들레도 피어 있고 개불알꽃도 피어 있고 제비꽃도 피어 있다. 아이들 말대로 개뼈다귀도 굴러다닌다. 어느 녀석인가는 여기에 와서 급한 볼일을 해결하고 갔다.

아이들과 옹기종기 모여앉아 쑥을 뜨면서 쓸모없음이 가진 의미에 대해 생각한다. 우리 학교에 처음 와서 이 공터를 보았을 때 내 눈에는 여기가 아깝게 버려져 있는 땅으로 보였다. 밭을 일구어서 뭘 좀 심으면 어떨까, 궁리도 했다. 그러나 학교 아저씨 말씀이 그늘이 지는데다 물 빠짐이 좋지 않아 작물이 안 된다고 했다. 봄이 되자 공터에 쑥과 냉이와 갖가지 풀꽃들이 피어나기 시작했다. 국어 시간에 나와서 쑥을 뜨면서 이곳이 얼마나 편안한 공간인지, 사람의 눈이 보는 '쓸모'란 얼마나 편협하고 사물의 본질에서 먼 것인지 다시 생각하게 되었다. 알려준 대로 쑥을 깨끗이 뜯어오지 못하는 녀석들도 있고 울타리 밖으로 뛰어다니며 쑥 뜯기와 아무 상관없이 노는 녀석들도 있지만, 교실에서와 다르게 녀석들을 나무라지 않고 한 시간

즐겁게 지내도록 놔두는 것은 쓸모없는 이 공터의 힘이다.

『장자莊子』에는 네 마리의 말이 끄는 수레 천 대를 매어놓아도 수레들이 굵은 둥치에 가려서 보이지 않을 만큼 큰 나무의 이야기가 나온다. 그러나 크기만 할 뿐 잔가지는 구불구불해서 마룻대나 들보로도 쓸 수가 없고 밑동은 속이 비어서 널로 만들 수도 없고 잎은 핥기만 해도 입이 문드러져 헐 만큼 독하다. 도무지 쓸모가 없다. 바로 그 쓸모없음이 나무를 그렇게 크게 자라게 할 수 있었던 거다.『장자산책』(삼인출판사)이란 책에서 지은이 관옥 선생님은 그 나무를 "인간의 쓸모에 자기를 한 치도 내어주지 않는 거부拒否 덩어리"로 표현했다. 누군가의 쓸모로서 존재하기를 거부하고 그냥 스스로 있는 존재, 자기 밖의 손길에 의지해서가 아니라 내면의 법法을 좇아 자존自存, 자유하는 존재. "자기를 쓸모라는 관점에서 보는 사람은 누군가의 쓰임을 받지 못할 때 차마 그것을 견뎌내지 못한다"라고 쓰셨다. 그래서 오직 쓰임받고자 능력을 키운다는 명목으로 자신에게 이런저런 무리한 요구를 하게 된다고.

책도 공책도 필기도구도 없고 나눠주는 학습지는 교실바닥에 굴러다니다가 쓰레기통에 들어가게 하고 숙제도 안 하고 수업을 방해하는, 뿐인가? 맘먹고 영화를 보여줘도 집중해 보지 않고 쑥도 제대로 안 뜯는 아이들의 고쳐야 할 어떤 태도에 한정하여 나무라고 가르치는 것은 교사로서 당연히 해야 할 일이다. 하지만 '넌 뭘 해도 다

똑같구나.', '어디에도 쓸데가 없는 녀석'이라는 마음이 생기면 내가 또 중심에서 한참 멀어져 있다는 걸 기억해야 할 것이다. 나의 본성대로 살아갈 뿐, 동료 교사들과 교장, 교감 선생님, 아이들의 마음에 흡족한 교사가 되려고 노력하는 일이 나의 의무가 아닌 것처럼 아이들도 교사를 만족시키기 위해 태어난 존재는 아니다. 서로 얼마나 답답한 일일까? 누군가가 타인을 자기의 쓸모에 맞추어 (그것이 대단한 것인 양) 이렇게 저렇게 모양을 잡아가려고 한다면 말이다.

# 평균 70점을 넘어서

동이가 엄마 말씀대로 평균 70점을 받으려면 도대체 어떻게 해야 한단 말인가, 고민해보았지만 그건 동이가 군이 해내야 할 과제가 아니었다. 시험감독을 할 때 1학년 아이들은 감독하는 교사가 국어 선생인지 사회 선생인지 생각할 것도 없이 시험문제에 관해 궁금한 것을 물어댄다. 학년이 올라가면 국어 선생님에게 수학을 물어보는 건 실례라는 걸 알게 되고 고등학생쯤 되면, 국어 선생님에게 국어를 묻더라도 "선생님, 이 문제의 답이 왜 3번인지 이해가 되지 않습니다." 이런 방식으로 질문해서, 서로 곤란한 일이 발생하지 않도록 할 줄 안다는데 중학교에 갓 들어온 신입생들은 천지분간을 못 한다. 선생님들은 대부분 학생 시절에 공부를 다 잘했기 때문에 자신의 담당 과목이 아니더라도 중학교 과정쯤은 이해하고 있을 것이다. 하지만 나는 다르다. 교사 임용시험에 수학이 들어 있었다면 나는 지금 학교에 있지 못할 것이다. 영광이, 교언이가 자습시간에 친구들에게 수학 문제를 풀어주고 있으면 신기하고 멋있어서 옆에 가서 지켜본다.

"그거 내가 한번 풀어보자."

풀이과정을 보니 할 만한 것 같아서 시도를 해보았지만 역시 아니었다. 영광이가 웃으면서 너그러운 큰오빠 같은 표정으로 다시 설명해준다.

동이와 나는 어떤 점에서 영광이, 교언이와는 다른 사람들이다. 동이가 중학교 시절에 시험에서 70점을 받지 못하는 것이 동이를 깎아내리는 평가조건이 될 수 없다는 것을 나는 이제 관념이 아니라 구체적인 현실감각으로 이해한다. 내가 할 일은 동이가 바로 그 사실을 자신의 중심에 튼튼한 가치관으로 세우도록 돕는 일이다.

"제 동생이 육 학년 때 교통사고를 당했어요."

어느 날 그 애가 저의 가장 가슴 아픈 이야기를 했다. 나는 이미 동이 어머니께 들어서 알고 있었다. 그 일은 동이 가족에게 너무 큰 고통이었다. 동이 여동생은 영리하고 활달한 아이였다. 그날 아침에 아이는 오늘만 학원에 안 가면 안 되겠느냐고 엄마를 졸랐다. 안 하던 말을 한다고 생각하면서 엄마는 딸에게 말했다.

"그럼 아가, 오늘 방학하는 날이니까 오늘만 가고 방학 땐 다니지 마."

그게 마지막이었다. 학원 차가 교통사고를 당했고 중학생, 초등학생 꽃 같은 아이들이 부모의 품을 떠났다. 동이 엄마의 고통을 무슨 말로 표현할 수 있을까. 동생을 잃은 충격으로 동이가 더욱 말도, 표정도, 의욕도 없어졌다고 엄마는 눈물이 가득했다.

동이가 더듬더듬 동생의 이야기를 마쳤을 때 나는 너무 고통스럽고, 아이를 위로해주고 싶은 마음이 가득했지만 뭐라고 해야 할지 생각이 나질 않았다. 어쩌면 이렇게도 담아놓은 말이 없단 말인가.

선생님들은 동이가 우리 반 부담임이라고 한다. 그 반 담임 업무의 절반은 동이가 한다고 담임 수당 떼어주라고 한다. 동이를 격려하고 칭찬하시는 말씀들이다. 쉬는 시간마다 교무실에 와서 시간표가 혹 바뀌지 않았는지 확인하여 칠판에 적어주고, 내가 깜박 잊고 나눠주지 않은 가정 통신문을 받아다 나눠주고, 분필을 색깔별로 보관하고 있다가 수업이 시작되면 칠판 앞에 가지런하게 놓아주고, 핸드폰을 걷어와 내 자리에 보관했다가 청소시간에 아이들에게 돌려주는 일 따위 온갖 자질구레한 일들을 일 년 내내 해주었다. 시켜서 하는 일이 아니었다. 제가 잘할 수 있는 일을 찾아내고 담임이 자신을 돕도록 했다.

"핸드폰을 담아둘 상자가 있었으면 좋겠어요. 뚜껑이 있는 걸로요."

뭐가 좋을까 궁리하다가 도서실에서 신간을 샀을 때 나온 북 케이스가 떠올랐다. 단단하고 크기도 맞춤이어서 얼른 가져다주었다. 처음엔 단단했는데 종이상자라서 시간이 흐르자 모서리가 닳아서 자꾸 떨어졌다.

"어, 다 떨어졌네. 이제 어디에 담지?"

"아니오, 스카치테이프를 주세요."

정성스럽게 테이프를 붙이고 떨어지면 또 붙이고 하여 종이 상자는 날이 갈수록 더욱 튼튼해졌다.

"종이 한 장만 주세요. 핸드폰을 걸 때 이름 쓰고 점 찍고 하면 좋겠어요."

날짜별로 칸을 그려서 또박또박 적어 넣고 정확하게 점을 찍어가며 확인을 하기 때문에 아이들은 동이를 속일 수가 없었다.

"선생님, 봐요. 이렇게 가로로 네 개, 옆으로 세 개, 한 층에 일곱 개, 삼 층으로 딱 들어가니까 여기에 꽉 차면 핸드폰이 스물한 개, 근데 우리 반 핸드폰이 스무 개니까 딱 한 칸 남죠? 안 세봐도 몇 명 안 냈나, 금방 알죠?"

그날그날 핸드폰을 걸으며 체크를 하는 종이도 너덜너덜해지면서 사물함에 언제나 소중하게 보관되어 있었다.

아이를 반듯하고 따뜻하게 키운 어머니의 깊은 마음을 믿고 평균 70점을 요구하지 말아달라고 부탁했다. 동이의 소중한 심성이 발휘하는 능력을 꼭 시험점수에서만 확인할 일은 아니라는 뜻이었다. 우리가 이르러야 할 곳이 겨우 평균 70이겠는가. 어머니는 오해하지 않고 기쁘게 동의해주셨다. 토요일 오후 학급 잔치할 때 동이는 노릇하게 삼겹살을 구워서 내 입에 넣어주었다. 마늘과 고추에 파채까지 얹

어서 쌈장과 함께 정말 맛있는 삼겹살이었다. 학교 뒤뜰에서 냄새를
풍기자 교감 선생님이 맥주를 콜라병에 담아서 들고 나오셨다. 좋고!
　그 아이를 가끔 생각한다. 밝은 얼굴로 함께 보내준 시간에 감사
한다. 우리 반에 성자가 찾아왔었나 보다, 그렇게 생각한다.

# 이망주의보

전인권의 「돛배를 찾아서」를 들으면 오래전 서산의 한적했던 바닷가 간월암 생각이 난다. 밀물에 길이 끊어지면 바로 눈앞에서 간월도는 조그만 바위섬이 되고 암자는 그 위에 고적하게 올라앉는다. 바닷바람을 쐬러 간월도에 가던 그 즈음엔 전인권을 자주 들었던가 보다. 라디오에서 아주 가끔 정태춘의 「떠나가는 배」가 흘러나올 때가 있다. 대학 시절 글패에서 소설 쓰던 친구 김영남을 떠오르게 하는 노래. 이런저런 뒤풀이 자리에서 우리는 서로의 추임새를 반주 삼아 노래를 부르며 어울려 놀았다. 영남이의 「떠나가는 배」, 서병수 선배의 「자니 기타」, 김사엽의 「농부가」, 친구들도 어쩌면 나를 떠올리면서 「감자꽃」의 한 소절쯤 흥얼거려볼까? 자주 꽃 핀 건 자주감자 파보나 마나 자주감자 하얀 꽃 핀 건 하얀 감자 파보나 마나 하얀 감

자. 노래는 빛바래지 않고 그 모습 그대로 머물러 있는 풍경을 하나씩 담고 있다.

내겐 시도 그렇다. 이용악의 『낡은 집』, 백석의 『여승』, 박용래의 『먼 바다』, 신경림의 『농무』, 고은의 『만인보』, 박노해의 『노동의 새벽』, 김남주의 『솔직히 말하자』, 김용택의 『섬진강』, 송기원의 『마음 속 붉은 꽃잎』, 허수경의 『슬픔만 한 거름이 어디 있으랴』. 시의 제목만 생각해도 두루마리로 펼쳐지는 이야기와 사람들과 그 시절의 젊은 감각이 반응했던 순간순간들, 빛깔, 냄새, 촉감, 그것들은 신이 주신 선물이다. 지금 국어 선생으로서 내가 아이들과 시를 쓰고, 쓴 시를 서로 읽어주고, 웃고 떠들며 지내는 이 한때도 훗날 우리에게 문득 떠오르는 선물이기를, 어느 삭막한 시간에 그들에게 촉촉한 물기가 되어주기를.

자신이 쓴 시, 혹은 친구들이 쓴 시를 교재로 공부할 때, 어린 시인들은 즐겁게 몰입한다. 시 속의 상황을 잘 알고 공감하기 때문이다. '이망주의보'라고 보람이가 쓴 시의 제목을 읽었을 때 나는 무슨 말인지 이해를 못 했지만 저희는 제목을 듣자마자 처음부터 웃어대었다.

# 이망주의보

청양중학교 3학년 3반 김보람

이신범은 3학년 3반 반장이다
2학년 때까지만 해도 그 착하고 맑던 신범이가
어느 날부터인가 망나니가 다 되었다
툭하면 필통에서 칼을 세 개나 꺼내 들고
지상이, 석호, 나한테
"야! 이 쉣다빠까*들아 와봐, 와봐."
하면서 칼춤을 추는데
겪어보지 않은 사람은 그 공포를 모른다
우리에게만 하면 괜찮은데
우리 반 화분 화돌이와 화분이의 이파리를 뜯어 먹고
칼질을 한다
화분의 건강상태를 근심하던 선생님도
드디어 이 상황을 알게 되었다.
선생님은 말씀하셨다
"죽었어."
이신범의 별명만 해도 이망, 마망(마스터 망나니), 일망(일본 망나니 - 다리가
짧다), 황망(황제 망나니) 등등 한두 개가 아니다
이망이가 어서 빨리 옛날 신범이로 돌아와줬으면 좋겠다

* 쉣다빠까
 망나니가 만든 전용 비속어. 전혀 뜻을 알 수 없으며 비속어 사전
 에도 없는 말로 망나니의 정신 상태를 짐작하게 해주는 신조어.

47

그러니까 '이망'이란 이씨 성을 가진 망나니란 뜻이다. '2학년 때까지만 해도 그 착하고 맑던 신범이'란, 우리 반 반장 신범이에게 내가 늘 하던 말이다.

"2학년 때까지만 해도 그 맑고 착하던 신범이가 왜 이렇게 됐을까?"

아이들은 모르시는 말씀이라고, 신범이의 참모습을 이제야 보게 되신 것뿐이라고 맞장구를 쳤다. 모함을 당하고 있다는 듯한 신범이의 표정을 보면서 나는 웃음을 참는다. 나는 신범이를 '나의 반장'이라고 부르면서 예뻐했다. 필통에서 칼을 세 개씩이나 꺼내 들고 칼춤을 춘다는 건 상상도 못 했다. 게다가 화분 이파리를 뜯어 먹는다니, 신범이가 어떻게 그럴 수가. 어머니들이 3월에 사주신 화분 두 개를 애지중지 키우고 있는데 이상하게 이파리가 자꾸 무슨 벌레한테 갉아 먹히는 것 같아서 걱정스러웠다. 영양제를 사다 꽂고 거름도 더 얹어주었다.

"얘들아, 얘가 왜 이렇게 비실거리는 거니?"

담임이 물을 땐 입 꾹 다물고 글쎄요, 하던 녀석들이 어느 날, 내가 신범이를 강도 높게 놀려대자 분위기에 휩쓸려서 일러바쳤다.

"신범이가 칼춤 추면서 화돌이, 화분이 이파리를 뜯어 먹었어요!"

기가 차서 쳐다보니까 창밖으로 시선을 돌렸다가 아이들에게 눈을 부라렸다가 나를 향해 억울하다는 표정을 지어 보였다가 아주 가관이었다.

"죽었어."

그렇게 미래형 위협을 하는 건 그리 심각한 상황이 아니라고 판단이 될 때다. 녀석은 장난이 꽉 차서 온몸이 근지러운 것이다. 망나니 신범이는 졸업할 때까지 복도를 뛰고 뒹굴며 신 나게 놀아버린, 언제나 여전히 나의 예쁜 반장이었다. 보람이의 시를 읽는 동안 아이들은 교실이 흔들흔들하게 웃어대었다. 「이망주의보」를 교실 게시판에 붙이면서 신범이를 위협했다.

"너, 이 명작을 떼어버리거나 김보람 시인을 괴롭히면 나한테 죽는다."

보고 싶다. 국어교사 모임에서 시 쓰기 수업에 대한 이야기를 나누기로 하여 자료 준비하느라 「이망주의보」를 다시 읽었다. 웃음소리, 신범이의 싱긋 웃는 표정, 녀석들과 함께 지내던 날들이 눈앞에 있는 것처럼 생생했다. 어느 가을, 점심 먹고 나서 학교 운동장 가에 앉아 선생님들과 차를 마시고 있는데 2층 교실에서 종이비행기가 유유히 날아왔다. 돌아보니 종이비행기를 접어 날리고 커튼 뒤로 숨어버리는 아이들의 웃는 얼굴이 거기 있었다. 아이들은 저희가 즐겁게 쓴 시와 그 소중한 순간들의 풍경을 함께 두고 갔다. 올해도 시를 쓰는 첫 수업 시간에 '사람 이야기 써보기'를 했다. 졸업한 보람이 형이 쓴 작품이라고 일러주면서 「이망주의보」를 읽어주었다. 짐작했던 대로 아이들은 깔깔대며 즐거워했다. 우리도 써보자고 했더니 망설이지 않고 펜을 들었다. 친구들 이야기라면 쓸 거리가 얼마든지 있다. 저 정도의 시라면 나도 쓸 수 있다는 생각이 드는가 보다. 평론가 오철수 선생님은 '모델이 있는 시', 즉 사람의 이야기 쓰기가 구체적인 대상에 대한 구체적인 감정을 표현하는 시 공부의 좋은 방법이 될 수 있다고 알려주셨다. 나에게 어떤 의미를 환기한 사람의 이야기를 쓰되 사진을 찍듯 '한 장면'을 골라 써보는 것이다. 보람이는 장난꾸러기 신범이의 해괴한 망나니짓 중에서도 칼춤을 추면서 화분 이파리를 뜯어 먹는 장면을 선택하여 생생한 시를 썼다. 고발하는 형식을 취했지만, 보람이에겐 친구의 발광이 역동적인 느낌이었을지도 모른다.

우리 아이들이 즐겁게 시를 공부하는 것이 기쁘다. '사람 이야기'를 써보면서 나는 혼자인 내가 아니라 '사람들 속의 나'이며, '숲과 들판과 시냇물과 하늘이 이루는 풍경 속의 나'이며, '소중한 모든 관계 속의 나'라는 걸 가르치고 싶다. 즐겁게 웃으면서 꾸준히, 가랑비에 옷 젖듯, 젖는 줄도 모르게.

# 마음의 힘

"무서운 이야기해줄까?"

하면 아이들은 교실이 떠나가라고 소리를 지르면서 불을 끄고 커튼을 치고 으스스한 분위기를 조성한다.

"논산 어떤 초등학교에 계신 교감 선생님께서 해주신 이야긴데 진짜 있었던 일이래. 옛날에 어떤 착한 총각이 늙으신 어머님을 모시고 살고 있었어. 가난해서 장가도 못 갔어. 날마다 산 아랫마을에 가서 일을 해주고 쌀도 팔고 등잔 기름도 사고 아주 가끔, 일 년에 두 번쯤? 고기도 끊어다가 어머님을 극진히 모셨어."

교실은 순식간에 조용해지고 졸던 아이들도 고개를 번쩍 들고 일어나 앉는다.

"하루는 아랫마을에서 일을 마치고 친구들과 어울려 늦도록 술을 마시며 노느라고 밤이 깊어졌어. 친구들이 자고 가라고 말렸지. 그래도 어머니가 외딴집에서 혼자 기다리시는데 어떻게 자고 가겠어. 기어이 친구들을 뿌리치고 산길로 들어섰지. 옛날엔 숲이 무성해서 호랑이도 있고 도깨비들도 막 돌아다녔어. 다행히 아무 일 없이 집에 거의 다 왔는데 고갯길에 못 보던 불빛이 하나 깜박이는 거야. 이상하잖아? 가까이 가보니 오두막이 한 채 서 있는 거야. 이상하다, 내가 왜 이 집을 그동안 못 보았지? 총각이 조심스럽게 주인을 부르니까 안에서 할머니도 아니고 아저씨도 아니고 아주 예쁜 처녀가 나오는 거야."

아이들이 알겠다는 듯이 참견했다.

"그 여자가 귀신 맞죠?"

"아니야. 총각도 그런 줄 알고 움찔했는데 처녀가 얌전하고 몸가짐도 단정하고 딱 보니 사람이더래. 사정이 있어서 산중으로 혼자 들어온 지 얼마 되지 않았다고만 하더래. 옛날엔 흉년이 들면 소작농이 지주에게 소작료를 제대로 못 내고 곡식을 비싼 값에 외상으로 얻어다 먹고 그러다가 빚이 불어나서 못 갚으면 나쁜 지주들이 소작인의 딸을 대신 뺏어가기도 했어. 아마 그래서 산으로 도망쳐 왔는지도 모르지. 아무튼 적막한 산속에서 두 집은 서로 다정한 이웃으로 지내기로 했어."

"으흐흐, 예쁜 처녀하고 총각이 다정한 이웃?"

쪼끄만 1학년 녀석들이 엉큼한 척 웃는 걸 보면 귀여워 죽겠다.

"그러다가 처녀하고 총각은 결혼했지."

"그럴 줄 알았어요. 한 달도 안 돼서 결혼하기로 했죠?"

"아니야. 한 달 반 걸렸어."

재밌고 신이 난다. 어쩌면 이렇게 이야기를 잘 들어줄까? 모든 국어수업을 전부 무서운 이야기로 각색해야 하나.

"아내는 얼굴도 예쁜데 마음도 곱고 부지런하고 솜씨도 좋았어. 시어머님을 극진하게 모시고 남편과 오순도순 사이좋게 살았어. 가난한 총각이 꿈도 꾸지 못하던 새 삶이 열린 거야. 그런데 새신랑을 놀려먹으려고 친구들이 쓸데없는 말을 했어. 야, 요새 산에 여우가 나서 지나가는 사람들 간을 빼먹는다더라, 혹 네 아내가 여우가 아닌지 잘 살펴보아라. 웃어넘기고 말았지만, 자꾸 마음이 쓰이는 거야. 어느 날 밤에 자다가 깼는데 아내가 없네. 마당에도 없고 변소에도 없고 얼마나 걱정이 되겠어? 아내는 새벽녘이 되어서야 치마에 이슬을 흠뻑 적시고 돌아왔어."

"그럼 여우였던 거예요?"

"조용히 해, 인마! 끝까지 들어보면 알지."

결론부터 나올까 봐 저희끼리 타박을 해가며 이야기를 재촉한다.

"그런 일이 두 번이나 일어났어. 그래서 남편은 밤에 자는 척했어. 역시 그날 밤에도 아내가 몰래 집을 나서더래. 조심조심 뒤를 밟았지. 그런데 글쎄 아내가 치맛자락을 날리며 고갯마루에 오르더니 재주를 꼴딱꼴딱 넘는 거야. 어떻게 됐겠어? 맞아, 흰 여우로 변한 거지.

남편은 너무 놀라고 당황해서 몽둥이를 막 휘둘렀어. 여우는 몽둥이에 맞아 캥캥거리며 어둠 속으로 달아나버렸어. 다음 날 아침 정신을 차린 남편은 자기가 어젯밤 죄 없는 아내를 내쫓았다는 걸 알았어. 자기를 해치지도 않고 나쁜 짓을 하지도 않고 살뜰하게 살아준 아내에게 내가 무슨 짓을 한 거지? 남편은 아내가 너무나 그립고 후회스러웠어. 왜 쓸데없는 말을 귀담아들었던가? 왜 뒤를 밟았던가?

'은혜를 원수로 갚는구나. 마음이 착하고 어질어서 함께 살려 했더니.' 여우가, 아니 아내가 달아나면서 남긴 서글픈 한마디가 남편의 가슴을 아프게 했어. 돌아오지 않는 아내를 기다리다가 남편은 고갯마루 나무에 목을 매어 죽었대. 그리고 며칠 뒤 그 나무 아래 흰 여우가 한 마리 죽어 있는 것을 지나던 사람들이 발견했지. 그때부터 그곳이 여우고개라고 불리게 되었대."

"그 흰 여우가 아내 맞죠?"

"그렇지. 여우 아내도 남편을 사랑했던 거지. 그 여우고개가 어디 있나 궁금하지? 청양에 있어. 나는 아침마다 지나온단다. 여우고개를 넘어오면 충남 청양군 목면 안심리安心里야, 여우가 나오는 고개를 무사히 넘고 나서 안심하는 곳이라고 마을 이름이 그렇게 붙었대."

"어! 저도 거기 알아요. 공주 갈 때 봤어요."

"바로 거기야. 그런데 지금은 없어졌어. 길 넓히느라고 굴삭기가 확 까뭉개버렸어."

"왜요?"

"왜긴 왜야, 사람들이 너도나도 빨리 달리고 싶어 하니까 온 나라 땅이 모두 고속도로가 되고 있어."

"지금도 여우가 나오면 정말 재미있을 텐데."

아이들도 나만큼 안타까워한다. 짚신 걸음으로 오르내리는 데 반나절은 족히 잡았을 그 옛날의 고갯길을 나는 자동차를 타고 획획 지나다닌다. 채 일 분도 걸리지 않는다. 그러나 전설을 가진 땅은 풍요롭다. 여우고개를 지날 때 나는 푸른 달빛이 넘실거리는 깊은 산중의 밤과 처녀가 사는 외딴집의 불빛을 본다. 여우 아내의 이슬 묻은 치맛자락을 떠올릴 때의 서늘한 촉각적 심상心想, 그런 것은 옛사람들이 후손에게 물려준 보이지 않는 보물이다. 우리는 다음 세대에게 어떤 서사敍事를 물려줄 수 있을 것인가.

여우고개가 사라졌다. 공주에서 서천으로 가는 구불구불한 길을 4차선 고속 국도로 넓히면서 산을 깎아내리고 나무들을 베어 넘기고 하더니 어느 날 아침 우리가 탄 자동차는 얼결에 새 길로 인도되었고 옛길은 새 길 속에 묻혀버렸다. 가슴이 아프다. 함께 출근하는 김영희 선생님과 나는 아침마다 불안한 마음으로 나무들이 아직 살아 있는가 확인하곤 했다. 수양버들처럼 가지가 낭창하게 휘늘어지는 벚나무들은 봄마다 화사한 꽃을 피우고 출근길을 호강스럽게 해주었다. 이름이 뭘까? 학교에 가서 식물도감을 찾아보니 그것은 '실벚나무'였다. 참 어울리는 이름이었다. 마침내 실벚나무들도 베어졌다. 적어도 이십 년 이상 꽃을 피웠을 나무의 시간이 사라진 것이다.

내 마음이 좀 더 절실했다면 한 번쯤은 시청에 전화해서 그 나무들을 어떻게 할 거냐고 물어봤을 것이다. 베지 말고 다른 곳으로 옮겨달라고 요청했을 수도 있다. 나무를 위하여 애타게 무엇인가를 했더라면, 그렇지 않고는 견딜 수 없는 것이 나의 마음이었더라면 뭔가 달라지지 않았을까.

공주에서 청양까지 출퇴근하는 4년간 공사를 멈춘 날은 거의 없었다. 마을 안으로 들어가던 2차선 길이 마을을 저만큼 밀어내면서 4차선으로 넓어지고 구불구불 돌던 길은 반듯하게 펴졌다. 위압적인 도로가 마을의 이쪽과 저쪽을 사정없이 잘라 나눠버리고 고라니, 청설모, 개, 고양이 같은 동물들이 차에 치여 처참하게 죽었다. 동물들의 흩어진 살점과 핏자국을 보지 않고 출근하는 날은 하루도 없다. 쉴 틈 없는 토목공사 현장을 지나다니면서 국토를 이렇게 함부로 할 수 있는 권력에 대해 생각해본다.


1학년 국어 첫 시간에 소설가이면서 환경운동가인 최성각 선생님의 산문, 「달려라 냇물아」를 가르쳤다. 어린 시절에 소년 최성각의 부모님은 돈사에 돼지를 열다섯 마리쯤 키우셨다. 하루는 아버지가 새끼 돼지 한 마리를 냇가에 버린다. 어미 돼지가 새끼를 낳았는데 열두 개의 젖꼭지 수보다 한 마리를 더 낳은 것이다. 그중에 제일 약한 새끼 돼지가 희생되어야 다른 형제 돼지들이 젖꼭지를 하나씩 차지해 온전하게 자랄 수 있다는 것이었다. 세상에 아무런 해악을 끼친 바 없는 새끼 돼지가 단지 약하게 태어났다는 이유로 버려져야 한다는 것을 어린 소년은 도무지 납득할 수가 없다. 소년은 저녁을 먹고 난 뒤 몰래 집을 빠져나와 아버지가 돼지를 던졌던 지점에서부터 바다에 이르는 10리 길 방둑을 뛰어간다. 얼마나 헤맸을까? 지척을 알 수 없는 어둠 속에서 거짓말처럼 소년은 새끼 돼지의 울음소리를 듣는다.

아버지가 버린 바로 그 새끼 돼지였다. 바로 그 순간 느꼈던, 끝까지 살아낸 어린 생명에 대한 벅찬 반가움과 기쁨은 이후 오십이 넘도록 다른 어떤 순간에도 다시 느낄 수 없었다. 젖은 새끼 돼지를 품에 안고 캄캄한 방둑 길에서 돈사까지 다시 되돌아올 때 새끼 돼지만큼 내 가슴도 어떤 감격으로 세차게 뛰었을 것이다. 40년 전 지방 소도시 외곽의 밤은 달빛이나 별빛밖에 없었다. 만약 그때가 흐린 날이라면 얼마나 캄캄했을까. 하지만 개울을 따라 내려갈 때 만났던 어둠은 새끼 돼지를 찾겠다는 열망 때문에 어둡지 않았고, 다행히 돼지를 찾아 안고 돈사로 올라올 때의 그 어둠은 가슴이 터질 것 같은 환한 기쁨으로 인해 또한 어둡지 않았을 것이다. 그것은 대단히 개인적인 경험이지만 마음의 힘과 관련해 여전히 깊이 생각해볼 만한 일이 아닌가 싶다.

（「달려라 냇물아」, 최성각 지음, 창비 국어교과서 1학년）

가슴에 와 닿는 문장을 가르칠 때의 내 목소리는 다른 때와 다르다. 아이들도 그걸 느낀다. 그의 환경동화, 『거위, 맞다와 무답이』는 도서실에서 가장 많이 대출되는 책이다.

"최성각 씨가 더 잘생겼어요!"

「달려라 냇물아」에 이어 시를 공부하는데 시인의 사진을 보여주자 아이들이 느닷없이 소리쳤다.

"최성각 씨하고 저분은 친해요?"

기분이 좋았다. 아이들이 호감을 느끼며 그의 이름을 기억한다는 건 그가 가진 생명평화의 가치관 역시 낯설지 않게 되었다는 의미가 아닐까. 목숨을 걸고 단식을 해도, 관절이 다 상하도록 삼보일배를 해도 공사는 진행된다. 두려움이 없는 시대, 전설이 포클레인에 까뭉개지는 시대의 힘없는 국어 시간에, 땅과 강과 나무와 숲과 짐승들과 풀과 꽃들, 뭇 생명을 함부로 하지 않는 마음이 가진 힘에 대한 신뢰를 갖게 하려고 애를 썼다.

'마음의 힘'이 무엇일까? 그건 시험공부가 아니었다. 실벚나무를 베어내는 걸 참을 수 없는 마음이 있으면 실벚나무가 산다. 전설이 깃든 조그만 고개 하나를 지키려는 마음이 있으면 고개가 사라지지 않는다.

'어떤 대상에 대하여 품는 의지와 열정.'

'약하고 죄 없는 어린 생명을 구하겠다는 열망.'

'어떠한 경우 자신도 예상치 못하게 발휘하는 힘.'

'자신의 마음에 따라 상황을 변할 수 있게 하는 힘과 용기.'

아이들이 국어공책에 또박또박 적어 넣는 그 문장들이 참 아름다웠다. 공책에 베끼지만 말고 마음속에 적어 넣으라고 해도 후다닥 써버리고 검사해달라고 소리 지르는 아이들이 참 예뻤다.

# 성깔 있는 나무들

"그 반에 수행평가 과제물을 안 내고 버티는 놈들이 제일 많아."

가정 선생님의 말씀을 듣고 놈들의 명단을 묻지 않아도 알 것 같았다.

"가정 수행평가 안 낸 놈들 종례 후에 남아라."

했더니 아니나 다를까, 그놈들이 고스란히 남았다. 17년 전이었으면 화를 내며 아이들을 괴롭혔을 것이다. 가정 수행평가는 조그만 천에 박음질, 반박음질, 홈질, 새발뜨기 같은 것을 두 줄씩 표현하는 것이었다. 다 할 때까지 지켜 앉아 있었다. 남자아이들이라서 바느질을 어찌나 못하는지 보다 못한 내가 그만 바늘을 뺏어 들었다. 가정 선생님이 와서 한심한 엄마처럼 숙제를 대신하는 담임을 보고 혀를 찼다. 그때까지 할 생각도 안 하고 게으름 피운 주제에 녀석들은 점수를 걱정했다. 선생님이 해주신 걸 들켰으니 C를 줄지 모른다고.

"시끄러! 지금 내면 아무리 잘해도 C야. 잔소리 말고 얼른 밑에다 내가 한 대로 똑같이 한 줄 더 해. 비뚤거리기만 해봐."

처음엔 나도 수업에 집중하지 않고 떠드는 이놈들을 뚝 떼어 앉히고 자리를 맘대로 바꾸지 못하도록 못 박아놓았는데 결국 아무 소용없는 일이었다. 전체 서른네 명 중, 열두 명이 언제나 떠들어대기 때문에 비좁은 교실에서 이 녀석하고 떼어놓으면 저 녀석과 가까이 붙여놓는 꼴이 되었던 것이다.

내가 담임한 이 녀석들은 교사로서 겪을 수 있는 온갖 다양한 일들을 일 년 내내 선물했다. 아이들이 수업 중에 교실에서 쫓겨나가 복도에 서 있지 않는 날은 참 드물었다. 우리 반에서 수업하는 선생님의 화난 목소리가 옆 반에 있는 내 귀에까지 들려오는 일도 부지기수였다. 여선생님의 스커트 속을 핸드폰으로 동영상 촬영하질 않나, 집단으로 후배들을 패서 학교를 발칵 뒤집어놓질 않나, 슈퍼마켓을 털다가 붙잡혀 가기, 남의 자전거를 훔쳐 타고 가다가 버리기,

빈 건물에 모여서 담배 피우기, 후배들의 돈을 빼앗아 선배들에게 상납하기, 가출하기…… 잊어버리고 있었는데 쓰다 보니 정말 많기도 하다.

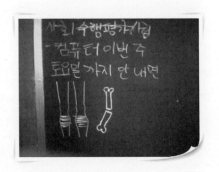

반 아이와 드잡이를 한 일

이 있었다. 처음 발령받은 서산중학교에서 나보다 키가 큰 아이가 내 멱살을 잡았다. 청소시간에 교실에서 일어난 일이었다. 나는 아무것도 모르는 새내기 교사였고 학급 운영을 잘해야 한다는 강박관념을 가지고 있었다. 그때 왜 그랬나, 아이들을 너그러이 감싸 안을 수 있는 품이 아직 내게 없었다. 나도 나긋한 교사는 아니었고 그 녀석도 마찬가지였을 것이다. 아이를 몹시 야단쳤던 것 같다. 녀석이 아주 반항적으로 나왔기 때문에 나도 모르게 팔을 휘둘렀다. 녀석이 영화처럼 내 팔을 간단히 잡아버려서 열이 뻗친 내가 다른 손으로 멱살을 잡으려는데 오히려 내가 잡혔다. 뭐, 이딴 자식이 다 있어. 분기탱천한 나는 오늘 네 녀석하고 아주 끝장을 낸다고 마음먹었다. 그 애가 힘으로 나를 이기고자 했으면 얼마든지 그럴 수 있었을 것이다. 아이들은 어쩔 줄 모르고 빙 둘러서서 동동거리며 우릴 떼어놓으려고 애썼다. 어느 순간에 그 애가 울부짖었다.

"선생들이 다 나만 보고 뭐라는데! 씨발, 기분 좋겠슈?"

그제야 정신이 좀 들었다.

"이 자식이 어따 대고 욕이야? 네놈이 아무 짓도 안 하는데 누가 뭐래? 이 나쁜 놈."

아이가 분이 나서 울었다.

"울어도 시원찮은 건 나야!"

버럭 소리를 질렀다. 교사가 되면 단정한 투피스를 입고 출석부를 옆에 끼고 아이들에게 존댓말을 쓰면서 사뿐사뿐 걸어 다닐 줄 알았는데 이게 뭐람. 처녀교사가 단추를 뜯기며 선머슴처럼 남자애와 드잡이나 하다니, 참 한심스러웠다. 아이들이 돌아가고 시간이 흘러 진정이 된 뒤에 네가 잘못하지 않았는데 누가 네게 뭐라 하면 나는 네편이 될 거라고 말했다.

그 애의 이름도 얼굴도 기억한다. 미안한 마음으로. 지금쯤은 아기 아빠가 되어 있을지도 모르겠다. 담임의 멱살을 잡을 정도의 성깔이면 어디에서든지 제 몫을 하고 살고 있을 것이다. 눈물이 있는, 기어이 자신을 표현하고 담임의 마음을 풀어줄 줄 아는 아이였다.

그땐 아이들에게 마음을 쓰지 못했다. 신경만 곤두세웠다. 아마 두려움 때문이었을 것이다. 처음으로 교단에 서는 것도 버거운데 만만치 않은 마흔다섯 명의 아이들이 갑자기 내게 숙제처럼 주어졌다. 꿈을 다 꾸었다. 동갑내기 권영미 선생님이 내게 말했다.

"참 이상해요. 최은숙 선생님은 생각하시는 거에 비해 교실에서 실천이 없는 것 같아요."

우린 일주일에 한 번씩 전교조 분회 모임을 했고 한 달에 두 번씩 평교사 모임을 했다. 돌아가며 발제하고 토론했다. 스무 명이 넘는 교사들이 그렇게 어깨를 걸고 지냈다. 축복받은 시절이었다. 모임에서의 나와 교실에서의 내가 다른 사람인 것 같아서 나는 괴로웠다. 너무 잘하려고 한 것이다. 좋은 교사가 되려고 욕심부린 것이다. 지금 생각하니 그 어설픔 역시도 젊은 날에 누릴 수 있는 축복이었다.

새 학년 진급을 앞두고 반 편성을 다시 할 때 우리 담임들이 머리를 맞대고 하는 일은 말썽쟁이들이 한 반에 몰리지 않도록 찢어놓는 일이다. 놈들이 붙어 있으면 수업을 집단적으로 훼방할 뿐 아니라 저희끼리 상승작용을 하여 문제 행동을 더욱 발전시킬 우려가 있기 때문이다. 말이 참 거칠지만 우리는 그렇게 표현한다. 그런데 파출소로 병원으로 교장실로 불려 다니기 바쁘던 담임들이 모여 한 해를 마무리하며 '문제아 찢어놓기'를 할 때마다 경험하는 것은 특별히 분리해 놓을 정도로 문제 있는 아이들이 없는 것 같은 느낌이 드는 것이다. 정이 들어서일까.

"우리 반 기공이가 2학년 짱이라고 하는데, 아이들을 괴롭히는 건 아닌 것 같아. 공부를 안 하긴 하지만."

"동연이도 문제아라고 하기는 좀 그렇죠? 걔가 우리 학교에서 가장 유머감각이 풍부한 아이라네요. 인기투표하면 1위래."

떼 뭉쳐 다니면서 사건이 터질 때마다 명단에 오르내리던 녀석들이지만 한 명씩 따로따로 떼어놓고 바라보면 '문제아'로 분류할 수가 없다. '안다는 것'은 그런 것인가, 문제가 되는 행동은 있었지만, 문제를 일으키기 쉬운 상황들이 그 아이들에게 있었고 그것을 이겨내기엔 아이들이 너무 어리고 약했다.

기공이를 생각하면 산-3번지, 기공이네 집 마당에 피어 있던 환한 산벚꽃이 먼저 떠오른다. 기공이를 따라 산비탈 돌계단을 올라가는데 시간을 거꾸로 돌리며 대학 시절의 자취방을 찾아가는 느낌이었다. 길모퉁이에 연탄재가 쌓여 있고 붉고 흰 깃발과 대나무가 꽂힌 점집들이 옹기종기 붙어 있었다. 기공이네 집은 그중에서도 맨 꼭대기 집이었다. 터울이 한참 지는 늦둥이 동생을 포대기로 둘러업은 기공이 엄마가 마중 나왔다. 개 짖는 소리와 함께 아버지도 나왔다. 기공이 아버지는 버스 운전사인데 술을 많이 드신다고 했고 술 마신 후엔 무섭다고 했다. 엄마, 아버지는 무척 친근하고도 조심스러운 태도로 담임을 맞이했다. 비질 자국이 깨끗한 마당에 두 그루의 산벚꽃이 눈부셨다. 한눈에도 부지런함이 읽히는 집. 기분이 환해졌다.

아버지는 아들이 부반장이 되었다고 하기에 처음엔 믿지 않았다면서 기분 좋게 웃었다. 그리고 솔직하게 이러저러한 가정 사정을 이야기해주면서 아들을 부탁했다. 기공이는 내가 담임하는 동안 아마 편치만은 않았을 것이다. 담임이 시시때때로 교실에서 일어나는 일들에 대한 고민을 털어놓고 조언을 구하곤 했으니 뾰족한 수가 있을 리 없는 어린 중학생이 무슨 할 말이 있었겠는가? 게다가 십중팔구 저나 제 친구들로 인한 고민이었으니. 녀석이 한 일은 담임이 이야기할 때 진지하게 들어준 것뿐이다. 그것이 내가 바라는 일이었다.

겨울방학을 한 달 앞두고 발목이 부러지는 일이 일어나서 아이들을 한동안 못 보게 되었다. 솔직히 말해서 나는 정신 사나운 소용돌이를 벗어나 휴식하는 기분이 없지 않았는데, 어느 날 밤 기공이가 전화를 해서 "선생님 보고 싶어요! 사랑해요!" 하고 외치는 것이었다. 겨울바람 소리가 전화기 속에서 함께 들려왔다. 주변이 왁자지

껄하고 기공이 녀석 목소리도 숨찬 걸 보니 보나 마나 청양 백세공원이었다. 기공이, 재혁이, 소진이, 동연이, 녀석들이 차례로 전화를 바꿔가며 언제 올 거냐고 소리쳤다. 나도 마치 녀석들을 단 한 번도 혼내지 않고 지극정성이었던 담임처럼 "나두 보고 싶어! 사랑해!" 하고 외쳤다.

백세공원 찬바람 속에서 담임에게 사랑한다고 외쳐대던 그 녀석들은 올해도 여전히 정신이 사납다. 희망을 놓지 않기 위하여 내가 펼쳐드는 생각은 우리가 하는 교육행위 안에 이 아이들에게 맞춤한 적

소適所가 분명히 있어야 한다는 것이고 내가 그걸 찾아낼 때는 이 녀석들이 모두 적재適材로서 빛이 날 거라는 것이다. 성깔 있는 이 나무들이 비바람에 마구 몸을 뒤채이며 나에게 말하는 것 같다. 우리는 숲이라고, 숲을 보라고. 눈 좀 뜨라고.

제2부

# 우리 선생님이
# 집에 찾아오시는 달

# 우리 선생님이
# 집에 찾아오시는 달

쌤.

신세대 아이들은 우리처럼 휴대폰 액정을 꽉 채워 주절주절 문자 메시지를 보내지 않는다. 쌤. 이 글자 하나 보내려고 버튼을 누른다. 아유 돈 아깝게 이게 뭐하는 짓이야, 투덜거리면서 나도 하는 수 없이 한 글자 답장을 보낸다.

왜.

정말 열 받은 일이에여.

국어 선생인 나는 이 녀석이 무엇 때문에 열을 받았는지 궁금하기 전에 괴상한 맞춤법에 먼저 신경이 쓰인다. 열 받는 일이에요, 열 받을 일이에요, 열 받았어요, 속으로 교정을 보면서 무뚝뚝한 답장을 다시 보낸다.

뭐가.

울 아배가 어젯밤 술 먹고 전화해서 밤새 욕했어여.

진서네 집 거실 벽에는 커다란 사진 액자가 걸려 있고 그 액자 속에 진서 아빠 엄마의 결혼사진, 작은엄마 아빠의 결혼사진, 신혼여행 사진, 아이들의 백일 사진, 돌 사진, 할머니 할아버지의 환갑잔치 사진들이 촘촘히 붙어 있다. 흑백 사진부터 시작되는 진서네 집안의 역사. 사진 속의 실제 주인공들이 모두 액자 속의 모습처럼 젊고 환한 미소를 지으며 변함없이 그 자리를 지키고 있는 건 아니다. 아프기도 하고, 서로에게서 멀리 떠나버리기도 하고, 소식이 없다가 느닷없이 한밤중에 술에 취해 전화를 붙들고 부모를 애태우기도 한다. 어물어물하는 사이에 연달아 두 개의 문자가 더 날아왔다.

할아버지가 그 새끼 쫓아가서 죽여버린다구.

꼭 할아버지 승질 닮았어여.

아빠가 할아버지의 성질을 닮았다는 건 진서의 생각이라기보다는 할머니께서 평소 자주 하시는 말씀일 것이다. 할머니 마음에 가장 걸리는 며느리가 진서 엄마이다. 진서 아빠와 진서 할아버지 성질머리가 아주 똑같다는 것이다. 진서 할아버지도 인정하신다.

"진서 에미 그 아이만 생각하면 가슴이 아퍼. 남의 집 딸 데려다 신세 망쳐준 거 생각하믄."

아이들을 처음 만나는 3월에 교사가 가장 먼저 해야 할 일은 아이들의 집을 찾아가는 일이다. 어느 마을에 살고 있는지, 누구와 살고 있는지, 부모님은 무슨 일을 하고 사는지, 아침에 몇 시 버스를 타고 학교에 오는지, 그러기 위해선 아침밥을 몇 시에 먹어야 하는지, 아이들이 집에서 맡은 역할이 무엇인지, 급식 지원이 필요한지, 숙제를 제대로 할 수 있는 환경인지 가서 살펴야 한다. 그러나 학교의 3월은 숨이 가쁘다. 각종 부서를 조직하고, 계획서를 쓰고, 환경정리를 하고, 아이들의 얼굴과 이름을 익히고, 모든 일을 새로 시작해야 한다. 그 와중에 가정방문까지 마음먹기란 쉬운 일은 아니다. 3월엔 오전 수업만 해야 한다고 해마다 생각한다. 마라톤 선수들도 처음엔 숨을 고르며 천천히 달리지 않는가. 아메리카 원주민의 방식으로 표현하자면 아이들에게 3월은 '우리 선생님이 집에 찾아오시는 달'이었으면 좋겠다. 진서네 집에 갔을 때 할머니 할아버지 눈에도 내가 피곤해 보였는지 다리 쭉 펴고 벽에 기대앉으라고 하셔서 그렇게 했다. 할머니께서 어느 틈에 밥상을 뚝딱 차려 오시는 바람에 진서랑 같이 밥을 먹었다. 된장찌개와 물김치와 깻잎장아찌, 조기구이, 구기자나물. 얼마나 맛이 있는지 진서가 남긴 밥도 내가 먹었다. 할머니는 조그만 밥상 위에서 내 젓가락이 가는 반찬 그릇을 앞으로 계속 옮겨 놓아 주시면서 말씀하셨다.

"별것도 아닌 걸 맛있다 맛있다 하는 게 꼭 우리 막내 메누리 닮았어."

"딸 삼지."

선생이라는 이름표를 달고 있으니 표가 안 날 뿐이지, 뭐 하나 제대로 하는 게 없는 나 같은 사람을 어디에 쓰시겠다고 할아버지가 딸을 삼겠다고 하신다. 숟가락을 들고 대답을 기다리신다. 나야 당연히 좋다고 대답했다.

"내친김에 아버지라고 해보셔."

"네, 아버지. 갈 때 이 된장 조금만 싸주셔요. 진서 넌 이제 나한테 고모라고 불러야 해."

할머니, 할아버지가 껄껄 웃으며 좋아하신다. 진서도 깔깔 웃는다. 사는 게 어려워도 즐거운 순간은 즐겁다. 우리가 선물 받은 이 즐거운 순간을 오래 누리자. 이야기를 하느라 시간 가는 줄 몰랐다. 나는 딸이므로 설거지를 하고 친정어머니가 되신 할머니는 된장, 고춧가루, 구기자나물을 바리바리 싸고 할아버지는 광에 가서 쌀을 퍼 오신다. 연방 어깨를 두드리고 손을 잡고 정말 딸 같다고, 이쁘다고 하신다. 두 분이 가장 걱정하시는 건 진서가 비뚤어지면 어떻게 하나, 하는 것이다. 진서 아빠도 어릴 때는 세상없이 착한 아이였다고 한다. 진서 아빠, 엄마는 여전히 착한 사람들일 것이다. 살다가 다친 것이다, 아픈 것이다, 어쩌지 못하고 있는 것이다. 진서도 다칠 수 있다. 제 아빠처럼 술 먹고 고통스러운 비명을 지를 수도 있다. 그러한 순간을 이겨내는 힘을 갖게 해주고 싶다. 그 힘을 내가 먼저 가져야 하지 않을까, 그래야 곁에서 보고 배우지 않을까.


아빠도 힘들어서 그래. 얼렁 자.

네. 근데 학교에서도 고모라고 불러요?

비밀로 해야지. 애들이 질투하면 어쩌려구.

네 ㅋ

진서가 보낸 'ㅋ'에 소꿉살림 같은 비밀의 즐거움이 묻어난다.

# 새봄의 꿈

우리 학교 서쪽 울타리 아래 내가 아는 나무가 한 그루 있다. 월요일 아침 강당으로 학생조회를 하러 갈 때 저절로 고개를 돌려 잘 있는가, 살피게 된다. 작년 봄 청양 장날, 장터에서 나무 파는 아저씨에게 1만 8,000원 주고 산 아기 왕벚나무이다. 원래는 꽃잎이 하늘하늘한 산벚꽃을 사려고 했다. 아저씨가 산벚꽃이라고 준 나무를 심었는데 송이송이 왕벚꽃이 피는 것이었다. 아저씨도 잘 몰랐는가 보다. 이런 것을 인연이라고 하는 게 아닐까? 그렇게 해서 아기 왕벚나무가 우리 학교에 왔다. 교감 선생님께서 전지가위를 들고 가지를 사정없이 잘라내셨다. 그렇게 해야 양분을 낭비하지 않고 잘 있다가 내년에 꽃을 피운다고 하셨다. 나무는 학교 관사 텃밭에서 임시로 두 밤을 자고 졸업생 영광이와 교언이, 우진이가 학교에 온 날 울타리 아래

자리를 잡았다. 나무를 심자는 말을 꺼낸 건 영광이다.

"선생님과 함께 학교에 나무를 심으면 선생님이 전근 가셔서 학교에 안 계시더라도 갈 때마다 함께 심은 나무를 볼 수 있잖아요. 그리고 나중에 아들, 딸을 데리고 모교에 가서 나무 그늘에 앉아 선생님 생각도 하고요."

영광이와 무슨 나무를 살까 의논했다. 꽃나무이면 좋을 것 같았다. 운동장을 환하게 밝히고 선 봄꽃이 영광이의 어린 아들과 딸들을 달려오게 할 것 같았다. 중학교 시절 담임선생님과 함께 심은 나무를 향해 뛰어가는 자식들이 영광이에게도 기쁜 선물이 되겠지? 그런 그림을 그리며 나무 장터에 가는 마음이 설렜다. 나무의 이름은 1학년 국어 책 1단원 첫 장에 나오는 김지하 선생의 시, 「새봄」으로 하기로 했다.

벚꽃 지는 걸 보니
푸른 솔이 좋아
푸른 솔 좋아하다 보니
벚꽃마저 좋아

중학교 1학년 학생들이 이 시를 이해할 수 있을까? 교사용 지도서에는 '함께 더불어 사는 조화로운 삶'이 시의 주제라고 풀이되어 있다. 눈보라와 비바람 속에 푸른 소나무로 서서 모진 시간을 견뎌내고 이제 봄과 겨울을, 골짜기와 산마루를 함께 햇살처럼 품는 사람만이 쓸 수 있고 알아들을 수 있는 시라고 생각하는 국어 선생 앞에서 어린 신입생들은 종달새처럼 지저귀며 시를 읽었다.

중학교 첫 국어 시간에 만난 '새봄'을 학교에 심었다. 학교아저씨와 교감 선생님이 도와주셨다. 교장 선생님도 나오셨다. 학교에 새로 부임하는 교장 선생님들이 즐겨 하는 일은 나무를 베어내는 일이다. 교장 선생님 생각에 별로 쓸모가 없다고 생각되면 십 년 이상 굵어진 나무들도 가차 없이 베어지고 쓸모 있다고 생각되는 다른 나무가 심어진다. 새봄이가 어디에 자리를 잡아야 영광이의 아들과 딸이 찾

아올 때까지 무병장수할 수 있을까? 김종학 선생님이 울타리 아래로 자리를 잡아주셨다. 교감 선생님도 거기가 한갓지고 좋겠다고 동의하셨다. 구덩이를 깊이 파고 나무를 심은 뒤에 교장 선생님도 모시고 기념촬영을 했다. 이제 새봄이는 졸업생들의 당당한 기념식수가 되었다. 이름을 적어 넣은 예쁜 팻말을 만들어 걸어주어야 할 텐데 솜씨가 없어서 차일피일 미루고 있다. 새봄이는 제 이름처럼 마주칠 때마다 설렘과 반가움을 준다. 잘 크렴. 하느님께서 허락하신다면 영광이의 아들, 딸이 제 엄마 아빠 손을 잡고 운동장에 들어설 때, 네가 환하게 피어 있으면 좋겠구나.

중학생 영광이가 어느 날 제가 아이들을 낳으면 선생님이 좀 돌봐주실 수 있느냐고 물었다.

"선생님이 저에게 들려주셨던 이야기들을 제 아이들도 듣고 컸으면 좋겠어요."

웃음을 참으면서 이런 아이들을 가르칠 수 있다니, 생각하고 있는데 덧붙였다.

"엄마에게도 말씀드려봤는데요. 엄마는 무슨 소리냐고, 그때 선생님께서는 편안하게 노후를 즐기셔야지 왜 네 아이들을 맡아 고생하시느냐고 펄쩍 뛰셔요."

영광이 어머니는 청양의 초등학교에 계신 선생님이다. 모임에서 반갑게 만나는 사이이다. 영광이 어머니께서 전해주시는 말씀을 들어보아도 고등학생이 되어 공부하느라 쉬는 시간이 거의 없는 모양이다. 얼마나 힘이 들까? 지금까지 공부하고 이제 자려고 한다고 가끔 새벽에 문자가 와 있곤 한다. 한 사람으로 성숙해가는 동안 영광이에게도 비바람과 눈보라의 시간이 흘러갈 것이다. 푸른 솔과 벚꽃의 아름다움을 진정으로 아는 사람이 되기까지 그 아이를 지지하며 북돋워주며 길벗으로 살아가는 게 나의 바람이고, 선생님을 포함해서 아픈 할머니 할아버지들을 돌봐드리는 마을의 한의사가 되는 게 영광이의 꿈이다. 그런 영광이의 아이들을 내가 어떻게 사랑하지 않을 수 있을까? 너와 네 예쁜 색시가 원하면 잘 돌봐주겠다고 약속했다.

# 선생님은 화도 안 내시는 줄 안다니까요!

아이들이 무척 억울한 표정으로 목소리를 높여 항의한다.

"선생님께 맞았다고 하면 다 선생님 편만 들어요. 도대체 너희가 얼마나 잘못했으면 그 선생님께서 매를 다 들겠냐고."

아이들의 항의가 전엔 참 귀여웠다. 거 봐라, 이놈들아. 메롱이다, 하고 약도 올려주었다. 그런데 언제부터인가, 웃고 넘어갈 일이 아닌데, 싶은 마음이 들기 시작했다. 사실 매를 드는 일은 거의 없다. 20년 가까이 교사로서 살아온 내가 아직도 어린 학생들에게 회초리까지 휘둘러야 한다면 자신을 근본적으로 짚어볼 필요가 있을 것이다. 문제는 매가 아니라 화다. 숙제를 안 해오고 청소를 안 하고 땡땡이를 쳤다고 손바닥 혹은 종아리 한두 대 맞는 것을 아이들도 심히 기분 나빠하지는 않는다. 어떤 일로 내가 마구 소리를 지르며 화를 낼 때 아이들은 기가 꺾이고 얼굴이 굳어지고 배신감을 느낀다. 맞다, 문제는 저 깊은 속에서 보이지 않게, 나도 모르게 끓고 있다가 솟아오르는 화기다. 화를 내면서 나도 기가 꺾이고 얼굴이 굳어지고 방향을 잃는다. 어디까지 가야 하나, 이토록 사소한 일에 걸려 터져 나온 화가 이르러야 할 목적지가 어디인가.

오늘 나는 몸이 좋지 않아 출근하지 못했고 딸애는 아침을 못 먹고 학교에 갔다. 토요일이어서 자다 보니 아침에 나간 아이가 금방 돌아왔다. 미연 이모 생일이라서 옥주 이모도 오고 배현숙 선생님도 만나고 수육도 먹는다고 하니까 딸애는 기분이 좋아서 노래를 틀어 놓고 청소를 시작했다. 나도 기운을 차리고 일어나서 세탁기에 빨래를 넣으려고 열었는데 어제 돌려놓은 빨래가 그냥 있었다. 이런 때 엄마 대신 딸아이가 집안일을 어설프게 해나가는 것을 기특하게 생각해야 하는가, 아니면 일마다 뒷마무리를 제대로 안 하는 습관을 나무라야 하는가? 둘 다 괜찮을 것이다. 고마움도 표현하고 격려도 하고 빨래를 하면 건조대에 반듯하게 너는 것까지 마무리를 잘해야, 일을 다 한 것이라고 가르치고. 그러나 생각이 미처 자리를 잡기 전에 검은 속바지, 스타킹, 털스웨터와 수건, 흰 속옷이 한데 뒤엉켜 있는 것을 보자마자 화가 뻗쳐올랐다.

"이게 뭐하는 짓이야? 털옷은 세탁기에 넣지 말라고 몇 번 말해! 네가 무슨 짓을 했나 와서 봐! 세탁기 돌리기 전에 한 번 들여다봐야 할 것 아니야? 뭐든지 대충대충 네가 이런 마음으로 이 세상에서 제대로 할 수 있는 일이 단 하나라도 있을 것 같아?"

어떤 일에 마음을 기울이지 않고 대강 해치워버리는 태도를 딸아이가 가지고 있다는 것이 속상하다. 나를 닮은 거겠지, 만일 내가 아주 정갈하고 꼼꼼하고 야무진 엄마였다면 딸이 저렇지 않았을 거라는 데까지 생각이 곤두박질친다.

수육을 좋아하는 아이 생각해서 두 접시나 시켜놓은 친구들이 모두 나를 나무랐다. 아침도 거른 아이를 놔두고 혼자 나갔으니 나도 밥이 잘 넘어갈 리가 없었다. 딸애라면 엄마를 놔두고 절대로 혼자 밥을 먹으러 나가지 않을 것이다. 딸은 나의 잘못을 지적하는 일이 없다.

"엄마가 다른 엄마랑 달라서 참 좋아. 내 친구들이 다 부러워해."

"엄마가 다른 엄마랑 뭐가 달라?"

"우리랑 친구처럼 이야기하잖아, 반갑게 맞아주고 친절하고."

"에이, 그 정도도 안 하는 엄마가 어디 있겠어. 바빠서 그렇지."

엄마는 재미있게 이야기는 해주는데 밥을 맛있게 차려주는 건 아니야, 라고 하지 않는다. 엄마가 늦게 들어온다고 투정 부리지 않고 따뜻하게 이부자리를 깔아놓는다. 옆에 누워 잠든 딸을 꼭 안으면 잠결에도 좋아서 웃는다. 그런 딸에게 나는 모진 말을 했다. 네가 세상에서 할 수 있는 일이 뭐냐고.

공중화장실에서 네가 쓴 글을 보았다고 친구가 말했다. 화장실에 붙은 그 글은 아침에 딸애를 절대 사납게 야단치며 깨우지 않는다는 이야기다. 나는 자식에게 가장 따뜻한 언덕이 되어주겠다고 생각했다. 아침에 일어나 처음 눈을 마주칠 때 웃는 얼굴을 주고받겠다고 결심했다. 아침에 우리는 졸린 눈을 비비면서도 안녕, 하고 인사를 한다. 꼭 안고 서로 엉덩이를 두들긴다. 그런 내 안에 저렇게 사나운 내가 있다.

"선생님은 화도 안 내시는 줄 안다니까요!"

억울해서 목소리를 높이는 아이들을 생각하면서 반성한 보람도 없이 엊그제도 한 건 했다. 어떤 녀석이 밖에서 신는 신발을 신고 복도를 걸어오고 있는 것이었다.

"너, 지금 뭐하는 거야?"

녀석은 별것 아니라는 듯, 그 속도 그대로 어슬렁거리며 걸어오더니 그대로 내 앞을 지나쳐 교실로 들어가려고 했다.

"뭐야, 당장 안 벗어?"

그제야 신발을 벗으면서 말씀하시길,

"실내화가 교실에 있어서요."

이런 뻔뻔하고 시건방져 터진 놈이 있나, 그 순간에 화기가 뻗쳐올랐다. 신발은 창문 밖으로 내동댕이쳐졌다. 복도 청소를 한 다음에 녀석은 돌아갔다.

"신발은 찾았냐?"

다음 날 물었더니 언제 혼이 났느냐 싶게, 예! 하고 밝게도 대답했다.

"더 멀리 집어던지는 건데 힘이 없어서……."

녀석은 씩 웃었다. 아무래도 나보다는 아이들이 훨씬 너그럽고 훨씬 선량하다.

# 기쁜 날

조그만 상철이가 교무실에 들어와 큰 소리로 일러바친다.

"선생님! 수업시간에 핸드폰으로 문자 보내면 안 되지요?"

"안 되지."

선생님들이 웃으면서 대답해준다.

"그런데 두현이가 수업시간에 핸드폰 했어요!"

"그래? 혼내줘야겠네."

상철이는 몸을 휙 돌려 나가면서 한마디 더 보탠다.

"수학 시간에요."

교무실이 웃음바다가 되고 책상 위에 서류를 잔뜩 펴놓고 일하시던 수학 선생님이 고개를 번쩍 든다.

"뭐야? 수학 시간에 그랬단 말이야?"

상철이가 들어오면 웃지 않을 수 없다.

"청소 다 했어요! 집에 가도 돼요?"

날마다 와서 똑같이 외치는 상철이가 무척 귀엽다. 상철이의 청소 구역은 원래 복도였는데 열심히 하지 않는다고 함께 청소하는 용철이가 투덜거려서 구역을 나눠주었다. 그래서 상철이는 신발장을 걸레로 닦는 일을 하게 되었다. 신발을 주머니에 넣어 교실 책상 옆구리에 걸어두도록 했기 때문에 신발장은 늘 비어 있어서 청소가 어렵지는 않다. 그런데도 빨리 집에 가고 싶어서 안달한다. 종례를 마치기도 전에 청소 다 했다고 와서 내 팔을 잡아 흔든다. 미리 해놓았다는 것이다. 용철이의 눈치가 보이기도 하고 상철이의 청소가 꼼꼼하지 않다는 걸 알기 때문에 나는 늘 같은 대답을 한다.

"걸레 깨끗이 빨아서 한 번 더 닦으세요."


1학년 교무실에 가장 자주 나타나는 학생이 상철이일 것 같다. 엊그제는 윤재가 상철이를 울렸다고 해서 둘 다 불렀다. 키도 작고 몸집도 작고 수업 준비도 잘 안 해 오고 그래서 아이들이 괴롭힐까 봐 조금 걱정을 했는데 다행히 반 아이들이 모두 온순한 편이라 마음을 놓았다. 가만 보면 오히려 상철이가 아이들을 집적거리며 장난을 치고 달아나곤 한다. 윤재가 왜 상철이를 울렸을까 생각하고 있는데 잉잉 울면서 상철이가 교무실로 뛰어들었다. 내가 복사기 옆에 있어서 그랬는지 복사기와 컴퓨터 사이의 좁은 구석으로 들어와서 팔을 들어 올려 눈을 가리고 소리 내어 울었다.

어쩜 키가 복사기와 비슷하다. 상철이는 우는데 나는 미안하게도 웃음이 나려는 걸 꾸욱 참는다. 눈물도 안 나는데 열심히 우는 상철이가 안쓰럽고 귀엽다. 그 옆에 서 있는 윤재는 한참 형 같다. 윤재가 변명을 한다.

"상철이가 며칠 전부터 하지 말라고 해도 뻐큐를 하고 달아나잖아요. 그래서 때린 건 아니구요, 화가 나서 하지 말라고 이렇게 툭툭 쳤달까, 아무튼 때린 건 아니에요."

아마 때렸을 것이다. 녀석들은 그래놓고도 늘 그냥 툭툭 쳤다거나 장난친 거라고 한다.

"니가 나를 확 떠밀었잖아."

상철이는 울다가 팩 소리 지르고 또 눈을 소매로 가렸다.

"상철아, 왜 친구한테 뻐큐를 했어? 네가 먼저 잘못했네. 왜 그런 나쁜 말을 친구한테 해. 윤재는 선생님한테 혼날 거야. 너도 윤재한테 사과해."

"미안해."

언제 울었나 싶게 선선히 사과하고 상철이는 교무실을 나갔다. 상철이는 너무 어려서, 반대로 윤재는 웃자란 느낌 때문에 문득문득 마음이 아프고, 이런 감정이 아이들한테 하나도 도움 될 것 없다는 생각이 곧 뒤따라와 나는 얼른 마음을 고쳐먹는다. 한 사람이 태어나고 자라고 살아가는 동안 얼마나 많은 상황에 직면하게 되는가. 뜻하지 않게, 어이없이 나 자신조차 믿을 수 없는 처지에 놓이게 되는가. 상황이 다르다 해서 사람이 다른 건 아니다. 다르지 않은데 다르게 볼 뿐. 내가 윤재와 상철이의 엄마라고 생각해보았다. 학교에서 선생님이 내 아이를 안쓰러운 마음으로 바라보는 게 하나도 고맙지 않을 것 같다. 똑같이 평화로운 마음으로, 밝은 기운으로, 가장 환하고 깨끗한 모습의 그를 바라보아주길 바랄 것 같다. 그리고 마땅히 그래야 옳을 것 같다.

식목일 휴일에 우리 학교가 검정고시 시험장으로 사용된다고 해서 오늘 대청소를 했다. 상철이는 오늘도 일찌감치 다 했다고 신고하고 집에 갔다. 용철이가 잠시 뒤에 와서 상철이 달아났다고 일렀다.

"아니야. 미리 해서 내가 보낸 거야."

교생 선생님도 함께 먼지 속에서 청소를 마무리하고 있는데 계단 청소를 끝낸 윤재가 대걸레를 들고 들어와 창틀에 널었다.

"윤재야, 미안하지만 청소 마무리 좀 도와줄래? 네가 해야 시원해."

권호가 킬킬 웃으면서 선생님이 그런 말로 윤재를 부려먹는다고 놀린다.

"뭘 할까요?"

"책상 서랍 속에 휴지가 있는지 확인해줘."

책상을 하나하나 확인해나가는데 상철이의 책상 서랍 속에서 뒤죽박죽 구겨진 시험지들과 공책, 필통이 쏟아진다.

"책상 서랍 다 비우라고 했는데 이게 웬일이니? 상철이 땜에 나 못 살겠다."

"비우라고 해도 말을 안 들어요. 이딴 거 누가 가져가지도 않는대요."

그러고 보면 상철이 녀석이 어린애처럼 순진한 면만 있는 것도 아닐 것이다. 나름대로 꾀도 피우고 영악한 면도 없지 않아 있겠지. 그래 봤자 소용없다, 이놈아. 나는 너의 이쁜 쪽을 볼 거야. 모두가 너의 이쁜 쪽을 바라보게 해달라고 기도할 거야.

청소를 마친 뒤, 걸레가 담긴 바구니를 들고 교실을 나섰다. 각규가 빼앗아 들었다. 자기가 빨아오겠다는 것이다.

"이걸 어떻게 들고 가려고 그래? 난 차가 있으니까 싣고 가서 세탁기에 돌리면 간단해. 내가 빨아올게."

"집이 가까워요. 할 일도 없구요. 그리고 걸레는 손으로 빨아야 해요."

이런 녀석이 있나, 걸레 바구니를 챙기는 각규를 보면서 기쁨과 용기가 가슴에 가득 차올랐다. 며칠 동안 나는 감기를 지독하게 앓았고 그래서 아이들이 떠들어대는 소리가 머리를 뒤흔드는 것 같았다. 학교 앞 도로 확장 공사를 하느라고 그렇지 않아도 좁은 운동장을 파고들며 공사하는 소리가 윙윙거리고, 오늘 안에 해내라는 일들은 끝없이 사람을 재촉하고, 수업은 숨 가쁘게 많고, 진심으로 생각해 보니 나는 학교라는 곳을 또 너무나 괴로워하고 있었다. 걸레 바구니를 들고 학교 담장을 따라 걸어가는 아이들의 뒷모습을 보니 학교가 아니면 이런 순수한 기쁨을 어디에서 느끼랴, 싶다. 그러니 다시 힘을 내자. 용기가 샘솟는 찬 샘물을 한 바가지 떠 마신 기분이다.

# 네가 말썽 피우고
# 떠들 수 있어서 고맙다


그러지 않아도 복잡한 교문 앞이 요즘 도로 확장 공사를 하느라고 더 북새통이다. 신호등 없는 학교 앞 골목 사거리에서 차는 늘 뒤엉키지만, 이제는 능숙하게 교문 안으로 들어가는 길을 만들어내며 운전을 한다. 교문 안으로 들어간다고 다 된 건 아니다. 빈 공간을 찾아 어디라도 세울 수 있으면 그곳이 주차장인 셈인데 급식실에 음식 재료 납품하는 차와 풀무원 녹즙 배달 차까지 힘을 합해 복잡하고 비좁은 공간에서 주차하는 실력을 키워준다. 교실 바로 아래는 선생님들이 주차를 꺼리는 곳이다. 무슨 벼락을 맞을지 알 수 없다. 침도 뱉고 걸레도 던지고 휴지를 물에 적셔 차 유리에 맞추기를 하는 녀석도 있다.

오늘 아침회의에서 교장 선생님께서 당신이 겪은 일을 말씀하셨다.

"행정실장하고 학교를 한 바퀴 도는데 말예요. 어떤 놈이 3층에서 가래침을 카악 뱉어가지고 그게 이 반짝거리는 대머리에 철썩 떨어져 내렸습니다. 내가 행정실장 보기 창피해서 혼났습니다. 이거 교육이 되고 있다고 할 수 있습니까, 예?"

나는 교무수첩으로 얼굴을 덮었다. 웃을 일이 아닌데 교장 선생님의 느릿한 억양이 문제다. 옆에 앉은 선생님은 웃음이 새어나올까 봐 입을 앙다물고 신음했다.

"그뿐이 아닙니다. 급수대에 뭔가 누런 게 있어. 뭔가 하고 집어 올려보니 찌익 늘어지는 게 그것두 가래침이여."

속이 울렁거렸다. 정말 괴로운 아침회의였다. 얼마 전엔 3층에서 창문이 통째로 떨어져 내 차 위로 쏟아져 내렸다. 장난을 치다가 한 녀석이 뒤로 밀리면서 유리창에 부딪힌 것이다. 천행으로 아이들은 다치지 않았다. 보닛 틈새로 안쪽까지 부서져 들어간 유리 파편들은 바늘처럼 날카로웠다. 학교 유리창도 자동차 유리처럼 동글동글하게 부서지는 재질의 유리로 바꿔야 한다. 실제로 우리 학교엔 유리창이 깨지면서 얼굴을 다쳐 오랫동안 고생한 학생이 있었다. 며칠 전, 몹시 더웠던 날은 우리 아이들 몇이 이웃 초등학교에 가서 유리를 마구 깨부수어 60만 원씩 유리 값을 변상했다고 한다. 반마다 한두 명은 깁스를 하고 있고 날마다 싸움이 일어난다.

오늘 아침에는 윤재가 팔에 깁스를 하고 나타났다. 우리 반에서 네 번째 깁스다. 누구한테 맞았는지 눈 밑이 너구리처럼 멍들었다. 학원에서 싸웠다고 한다.

"윤재야, 싸움의 무대를 넓혔구나. 근데 이번엔 웬일로 맞았네?"

"아니에요, 저도 같이 때렸어요."

맞고 다닌다고 선생님이 놀리는 걸로 생각했는지 윤재는 그렇게 자존심을 세웠다. 얼마 전 윤재한테 맞은 요한이는 가슴팍이 결린다고 어른들에게 말도 안 하고 제 용돈으로 한의원에 침을 맞으러 다녔다고 한다. 그땐 너무나 화가 나서 윤재의 어머니께 전화해서 속상한 말을 했다. 윤재한테는 한 번만 더 친구들을 때리면 학교에서 내쫓겠다고 화를 버럭버럭 냈다. 그게 얼마 전인데 다 잊어버렸는지, 제가 맞기만 한 게 아니라 때리기도 했다고 불쑥 이야기하는 것이다. 애고, 난 네가 맞지도 말고 때리지도 말았으면 좋겠다는 거야 이놈아. 맞더라도 때리지는 말라는 뜻이고 이놈아.

야구부 학생들 때문에 운동장을 마음껏 사용할 수 없으니 1,000명이 넘는 아이들이 교실과 복도에서 뛰고 소리를 지르고 뒹굴면서 논다. 한동안 나는 하루도 변함이 없는 이 소란함을 이겨내지 못해 병이 날 지경이었다. 고막이 윙윙 울리고 심장이 두근거렸다. 다른 선생님들도 시끄럽다고 소리는 치지만 나처럼 힘들어하는 것 같지는 않다. 간 기능이 떨어진 건 아닌가, 의심해보았다. 간이 건강하지 못하면 쉽게 피로하고 눈이 뻑뻑하고 예민해지고 신경질이 는다는데 내 증상이 그런 것 같다. 요즘은 특히 교무실 앞에 2학기 국어책을 쌓아놓아서 좋은 장난감을 만난 아이들이 책 상자 위로 올라가고 뛰어내리고, 사이사이로 숨고 끌어내며 난리를 피운다.

"어떻게 좀 해봐. 왜 책은 코앞에 갖다 쌓아놓고 그래. 저 난리 떠는 녀석들 다 12반이야."

교과서 담당에 12반 담임인 내 친구 원미연 선생님이 배꼽을 쥐고 웃는다. 창고에 비가 새어서 책을 쌓아둘 곳이 거기밖에 없다는 것이다. 박태원 선생님은 아이들이 들어가 놀다가 상자가 무너지면 다칠까 봐 틈새를 없애고 촘촘히 쌓고 원미연 선생님은 아이들이 뛰어내리다 다리가 부러질까 봐 높이를 낮추어 평평히 쌓아놓는다. 아무래도 내가 문제다. 독서 모임 때 선생님들께 내 고민을 이야기했다.

"너무 시끄러워서 미칠 것 같아요."

선생님들이 웃었다. 한 선생님은 이러시는 게 아닌가.

"그래도 아이들의 소리야 자연의 소리니까요. 우리 집은 큰길가의 아파트인데요, 차 소리 때문에 저야말로 노이로제에 걸릴 지경이에요. 제 꿈은 귀농인데 남편이 반대해서 도시를 떠날 수가 없어요."

난 좀 충격을 받았다. 저 소음이 자연의 소리로 들린다고? 그러고 보니 아이들은 늘 떠들었다. 걸핏하면 싸웠고 팔이나 다리가 부러졌고 쉬는 시간마다 복도에서 강아지들처럼 뒹굴었다. 전에는 그것이 고통스러울 정도는 아니었다. 논에서 개구리들이 아무리 시끄럽게 울어도 그 소리가 귀를 찔러대지는 않듯이 아이들이 떠들고 뛰는 것에 지금처럼 예민하지는 않았다. 오히려 떠드는 걸 못 견디는 선생님들을 못마땅해했던 것 같다.

'안 떠들면 애들이야? 시끄러우면 좀 어때, 살아 있으니 떠들기도 하는 게 아닌가.'

분명히 그때 내가 했을 생각 한 자락이 지나간다.

그래, 맞다. 살아 있으니 떠들기도 한다. 살아 있으니 유리창도 깨고 침도 뱉고 휴지도 버리고 쌈질도 하고 급수대에 컵라면 찌꺼기를 버려 막히게도 할 수 있고…… 이렇게 병도 많고 탈도 많은 세상에서 저 아이들이 어디 아프지 않고 무럭무럭 커가는 게 하나하나 모두 기적이다. 그렇게 생각을 바꾸니 참 신기하게도 꼬챙이처럼 치솟던 신경질이 가라앉는 것이었다. 살아 있다는 것은 그 모든 문제들을 고쳐나갈 기회가 있다는 뜻이다. 무엇인가를 계획할 수 있고 완성을 향한 희망을 품을 수 있다는 말이다. 아이들을 야단칠 때 우선 그 마음을 바탕에 두기로 한다.

네가 이렇게 건강하게 뛰고 뒹구는 것에 감사한다. 하느님께서 네게 주신 생명이 눈부시다. 그러니 계단에 침 뱉지 말고 껌 뱉지 말고 휴지에 싸서 휴지통에 넣자. 너는 아주 소중한 사람이니 컵라면 먹고 싶어도 참고 함께 급식실에 가서 밥이랑 국이랑 김치랑 먹자.

아, 하지만 목소리는 조금만 낮춰주었으면 좋겠다. 안 되겠지?

# 선물

송성영 선배님은 곰순이를 닮았다고들 한다. 송 선배님네 놀러 가면 선배님이 (옛날식 표현으로) 버선발로 뛰어나오신다. 반가워서라기보다 마당에 묶인 곰순이와 나 사이를 막아서기 위해서다. 곰순이가 반갑다고 목줄을 끌며 마구 달려들면 나는 뒤로 넘어갈 것만 같다. 아무리 봐도 곰순이는 곰이지 개는 아니다. 덩치가 산만 하고 털이고 눈이고 혓바닥까지 시커먼 곰순이를 내 친구 수노아는 사랑스러워서 어쩔 줄 모르는 표정으로 쓰다듬으면서 콧소리로 "아가~~앙." 하고 부른다. 마루에 앉아 멀찍이서 곰순이를 바라볼 수 있을 때 비로소 나는 곰순이가 참 온순하구나, 선배님을 닮았구나, 하고 생각한다. 감자 하나를 먹고 봐도, 미숫가루를 한 그릇 마시고 다시 봐도, 여전히 처음 마당에 누웠던 모습 그대로 그 자리에 붙어 있다. 겨

울엔 면벽한 스님처럼 꼼짝 않고 누워 있는 곰순이 등허리 위로 눈이 소복소복 쌓인다고 한다.

　송성영 선배님의 아내인 정해정 선생님은 감자 하나 먹는 동안에도 서너 번씩은 순간이동을 하는 분이다. 칼국수를 해먹자고 한 다음 순간 어느 틈에 물이 끓고 있고 선배님과 몇 마디 주고받고 있는 사이에 밀가루 반죽이 끝나 다다다다, 도맛소리가 나면서 칼 밑으로 국수가닥이 결도 고르게 밀려 나오고 있다. 두 분이 바닷가 마을에 조그만 집을 짓고 민박을 하면서 살려고 땅을 찾고 있을 때 정해정 선생님은 벌써 민박집의 설계도를 그리고 있었다.

　선배님네가 드디어 고흥에 땅을 구했다고 한다. 생각했던 대로 논밭이 있고 산이 있고 바다가 보이는 땅이라고 한다. 땅값을 치른 돈

삼천사십만 원은 부부가, 조금 더 정확하게 말하면 아내인 정해정 선생님이 남편도 모르게 십 년 동안 알뜰하게 모은 것이다. 선배님이 한 달에 한 번 방송국 다큐멘터리 작가를 해서 버는 돈, 제초제 안 쓰고 농약 안 뿌리고 정성껏 농사지은 채소를 꾸러미로 만들어 아는 사람들에게 배달하여 버는 돈, 정해정 선생님이 아이들 몇 명 모아 그림 가르쳐서 버는 돈, 물방울 같은 그 돈을 모아 세숫대야 물을 만들고 양동이 물을 만들고 드디어 땅을 살 만큼 바닷물을 만들었다는데 곰순이 같은 선배님은 그 돈 아니었으면 땅 고르러 다니느라 고민도 안 하고, 아무 데나 지금 사는 집처럼 허름한 빈집 하나 구해서 고쳐가며 살면 되는데 괜히 목돈 만들어서 고민거리 생겼다고 투덜거렸다고 한다. 남편을 헐뜯는 아내의 말에 맞장구를 쳐가며 웃고 있을 때, 따스한 햇볕을 받으며 밭에 나란히 앉아 이야기하는 아내와 후배의 모습이 보기 좋아서 선배님은 얼굴 가득 웃음을 지으면서 바라보신다.

선배님의 순한 웃음이 좋고 마음속에 있는 그대로 꾸밈없이 말이 되어 나오는 정 선생님의 순수함이 좋고 인효와 인상이의 온순함과 속 깊은 마음이 좋고 곰순이는 좀 무섭게 생겼지만, 선배님 닮아 좋은데, 식구들이 멀리 이사를 한다니 참 서운하다. 말도 행동도 민첩하지 못한 점에서, 아무래도 나는 선배님 쪽의 기질을 가진 게 아닌가 싶은데도 정 선생님이 편안하고 따뜻한 건 내가 그녀의 조건 없는 사랑을 받는 사람이기 때문이다.

"우리 집이라 생각하고 아무 때나 언제든지 오이소."

그래서 우리 집인 것처럼 편안한 마음으로 아무 때나 선배님네 집으로 놀러 갔다. 뒷산으로 들창이 나 있는 조그만 방에 자리를 깔아 주고 홑이불을 내려주면서 이야기하다가 피곤하면 한숨 자라고 이르고 정 선생님이 볼일을 보러 나가면 친정오라비 같은 선배님과 마루에 앉아 둘이 두런두런 이야길 하다가 나는 뒷방으로 한숨 자러 들어가고 선배님은 글을 쓰러 사랑방으로 들어가고, 곤히 한숨 자고 일어나 보면 어느새 돌아온 선생님이 부엌에서 달그락거리며 저녁을 준비하고 선배님이 마당에서 왔다 갔다 하며 둘이 나누는 소리가 들릴 듯 말 듯, 그런 순간에 느끼는 깊은 평화를 무어라고 하면 좋을까.

부부싸움을 하고 정 선생님이 집을 나와 내 좁은 아파트에 나타나면 나는 웃음만 난다. 맞장구는 치지만 내가 아내의 편을 드는 경우는 없다. 곰순이 송 선배가 얼마나 소중한 사람인지, 보기 드문 사람인지 알기 때문이다. 선배님이 어떤 마음으로 그렇게 이야기를 해서

아내의 화를 돋우었는지 짐작이 가고 아내를 지극히 사랑하는 그가 싸움 끝에 또 얼마나 의기소침해 있을지 상상이 된다. 화를 풀러 왔는데 도리어 남편의 편을 드는 나를 정 선생님은 미

위하지 않는다.

"그때 자고 일어나서 냉장고 열어보니까 먹을 게 없긴 없드라."

그러면서 부추김치와 멸치볶음과 배추 겉절이를 싸고 냄비에 감자탕까지 담아주신다. 그런 시간이 제법 깊어 우리가 그동안 쌓고 허문 성이 수십 개다.

"우리 같이 명상센터를 하면 어떨까? 석장리 유적지에 있는 짚풀 움막 딱 보니까 그게 퍼뜩 생각나네."

"와! 근사하겠다. 달밤에 짚풀 속에 누워 있으면 멋질 것 같아요."

"이거 아무한테도 말하지 마이소. 금방 누가 따라 해버릴지도 몰라."

선배님 부부를 따라가서 보는 땅은 거의 산골짜기였다.

"여기서 학교 다니려면 겨울에 썰매를 타야 할 것 같아요."

출근 걱정을 하는 나.

"햇빛이 잘 들어서 금방 녹어요."

하고 말하는 건 선배님이고,

"걱정 마. 우리가 눈 다 치워줄게. 정 걱정스러우면 저 아랫마을에 집 하나 구해서 베이스캠프 삼아가지고 겨울에 길 얼 땐 거기서 살고 눈 녹으면 집에 오고 그럼 돼."

내가 보기에 골치 아픈 문제를 아무렇지도 않게 해결해주는 건 선생님이다. 집 지을 땅을 보러 다니면서 사람 발소리에 놀라 느닷없이 숲으로 튀어 들어가는 고라니도 만나고, 돌무더기 위로 스르르 기

어가는 뱀을 만나 놀라기도 하고, 키를 넘는 들깨가 천사백 평이나 심어져 있는 깻잎 바다를 헤쳐나가기도 하면서 우리는 꿈을 꾸었다.

"콩을 많이 심어서 된장, 고추장, 간장 담가서 팔면 어떨까요?"

"자연학교를 해도 좋을 것 같아예."

꿈을 함께 가진 시간이 참 따뜻했다. 선배님이 고흥에 내려가 살림을 다시 일구고 여전히 평화로운 기운을 퍼뜨리며 살아갈 시간 역시 내게 선물이다. 여기 계룡산 자락, 지붕에서 물이 새는 오두막의 삶이 쉽지만은 않았겠지만 그래서 이렇게 말하기도 미안하지만 그분들의 삶이 나의 삶을 많이 회복시켜주었다. 내가 진실하다면, 통째로 내준다면, 나의 어설프고 빈곤한 울타리 안에서 누군가는 나처럼 자신을 추스를지도 모른다. 이런 생각을 하게 된 것이 정해정 선생님 덕분이고 뒤에서 묵묵히 우리들의 배경이 되어주는 송성영 선배님 덕분이다.

# 하늘을 섬기는 데
# 아낌만 한 것이 없다

중학교 영어 시간에 애지중지 키운 호박을 몽땅 도둑맞은 농부 이야기를 배웠다. 농부는 호박을 찾아다니다가 시장에서 드디어 자기 호박을 펼쳐놓고 팔고 있는 사람을 만났다. 그는 당연히 자기가 키운 호박이라고 잡아뗐었다. 경찰이 왔다. 이것이 당신의 호박이라는 증거가 있느냐고 경찰이 묻자 농부는 밭에서 따온 호박 꼭지 보따리를 풀어서 하나하나 정확하게 짝을 찾아 맞춰준다. 그 이야기가 중학생인 나에게 얼마나 인상 깊었던지 배운 지 30년이 지났는데 아직도 기억이 난다.

한 번의 실수도 망설임도 없이 호박에서 떨어져 나간 꼭지를 맞춰주는 농부의 이야기에 어째서 빨려들었는지를 중학생인 나는 아마 놀라면서도 몰랐을 것이다. 누군가에게서 호박 꼭지를 들고 호박을 찾는 농부의 마음 같은 것을 느낄 때마다 내 나이가 한 살씩 보태졌다고 지금 생각해보는 것이다. 그 마음을 말로 표현한다면 '아낌'이라고 할 수 있지 않을까. 농부는 자기 호박을 알았다. 순서를 매긴다면 알아서 아낀 것이라기보다는 아끼는 시간 속에서 시나브로 알아졌다는 게 맞을 것 같다. 이현주 목사님께서 정리하신『무위당 장일순의 노자 이야기』에 나오는 이야기인데 옛날 사람들은 농부를 색부嗇夫라고 했다고 한다. 아끼는 데 농사꾼만 한 도사가 없으므로.

청양에 사과 백오십 그루를 자식처럼 키우는 선생님이 계신다. 특별한 일이 없으면 사과밭으로 퇴근해서 해질 무렵까지 혼자 천천히 일하는 것이 가장 평온한 휴식이고 즐거움이라고 한다. 토요일 오후에 전교조 청양지회 선생님들이 사과밭에서 한때를 보냈다. 자기 호박과 하나가 된 농부처럼 사과밭 주인도 백오십 그루에 매달린 사과의 표정을 기억했다. 사과를 보면 어느 나무에 맺혔던 것인지를 안다는 말씀을 듣고 영어책에 나온 호박 이야기가 터무니없지 않구나, 하고 생각했다. 사과는 첫서리를 맞아야 맛있다고 한다. 최소한의 약만 쳐주어서 다른 밭 사과나무처럼 잎은 무성하지 않았지만, 초가을의 따사로운 햇살 속에 아직 푸릇한 기운을 띤 사과들이 충실하게 매달려 있었다. 가루받이 나무로 심은 네 그루의 홍로만 그림처럼 붉었다. 엄마 아빠를 따라온 어린이들에게 빨간 사과를 따는 황홀한 경험을 양보하고 어른들은 나무 밑에 떨어진 사과 중에서 먹을 만한 것들을 골라 상자에 담았다. 썩은 사과들은 밭 가장자리에 거름이 되도록 모아놓았다. 풀숲의 썩은 사과도 그림 같아서 선생님들의 사진 속에 담겼다. 주인은 땅에 떨어진 사과를 주는 걸 미안하게 여겼지만 우리에겐 나무에 달린 것이나 땅에 떨어진 것이나 똑같이 귀했다.

일요일에 밭에서 주운 사과를 한 상자 들고 어머니에게 갔다. 크고 작고, 붉다 말고, 병든 데도 있고, 새가 쪼아 먹은 구멍도 있는 사과를 내려놓자 어머니가 들여다보더니 어디서 났느냐고 물으셨다.

"사과 농사짓는 선생님 밭에 떨어진 걸 주워서 나눠 가졌어요."

예상대로 어머니는 무척 기뻐하셨다.

"아이구야, 잘했다. 선생님들이라 다르다."

크고 좋은 사과를 한 상자 사갔으면 그렇게 좋아하지 않으셨을 것이다. 애써 농사지은 걸 좀 상했다고 버리지 않고 주워 왔다는 게 어머니 마음을 흡족하게 했다.

"가자. 내가 점심 살게."

나는 웃으면서 어머니의 아는 사람이 냈다는 밥집에 따라가 일흔 살 어머니가 사주시는 밥을 얻어먹었다.

'하늘을 섬기는 데 아낌만 한 것이 없다(老子)'라는 말을 다시금 생각한다. 사람이 땅을 딛고도 하늘에 닿는 존재로 성장해가는 데 생명을 아끼는 마음만큼 좋은 디딤돌이 없을 것 같다. 아끼는 마음과 아낌을 받는 마음은 참 깊고 따스해서 서로를 하늘에 닿게 하는 것일까.

제3부

# 잠깐만 멈춰봐요!

# 문제|問題

우현이가 눈이 가렵다고 교무실로 찾아왔다. 눈을 자꾸 비비는데 한쪽 눈알이 빨갰다.

"눈병 시작되는 모양이네요."

옆에 있던 선생님이 보더니 말씀하셨다. 얼마나 괴로울까, 눈병이 교실에 번질 것도 걱정되어서 가까운 병원에 보냈다. 태환이가 같이 가겠다고 해서 그러라고 했다. 그리고 우리 반 국어 수업시간이 되어서 교실에 들어갔다. 아이들이 우현이가 어딜 갔느냐고 물었다.

"눈병 나서 병원 갔어. 너희도 조심해라."

그런데 우현이 짝꿍 문진이가 실실 웃었다.

"선생님, 사실은 우현이 눈병 아니에요. 이렇게 눈을 벌리고 눈알을 손가락으로 세게 비볐어요. 조퇴하려고 그런 거예요. 눈병 났다고 학원도 안 간다고 했어요."

"세 번 비비니까 금방 빨개지던 걸요?"

학생이 하는 말을 전혀 의심하지 않는 선생은 바보 같은 선생일까? 눈병이 났다는데 걱정을 하기 전에 정말인지 아닌지 확인부터 해야 하는 것일까? 우현이가 약봉지를 들고 돌아왔다. 의사 선생님이 알레르기라고 했다면서 처방전을 내놓았다. 의사 선생님이야 그렇게 말씀하실 수밖에 없겠지. 언제부터인가 학생들은 눈도 깜박 안 하고 거짓말을 한다. 어제 4반 수업시간엔 휴지를 조그맣게 잘라 입에 넣고 씹어 작은 총알처럼 만들어서 앞의 아이에게 쏘는 아이가 있었다. 휴지를 맞은 아이가 툴툴거렸다.

"선생님 뒤에서 자꾸 이상한 거 던져요."

"방금 휴지 던진 사람 일어나 봐."

그러나 그 수업이 끝날 때까지 아무도 일어나지 않았다. 분명히 던진 사람이 있는데 딱 잡아떼고 있는 것이다. 3반 수업시간엔 한 아이가 국어책을 분리수거함에 버리는 것을 보았다.

"너 지금 뭘 버리니?"

"휴지예요."

"휴지라고? 지금 버린 것 가져와 봐."

그 아이는 제가 버린 책 말고 다른 것을 집어 들어서 나에게 보여주었다. 국어책을 속에서 꺼내 보여주면서 물었다.

"이거 방금 네가 버리지 않았어?"

"아뇨, 제가 안 버렸어요."

"네가 이 책 들고 걸어가서 집어넣는 걸 내가 봤는데?"

그제야 녀석은 말했다.

"실은 원래 여기 있었어요. 제가 국어책을 가져오지 않은 줄 알고 여기서 가져갔는데요, 책상 서랍 속에 제 책이 있어서 도로 갖다 놓았어요."

"너는 이 책 표지에 이렇게 크게 쓰여 있는 이름 안 보이니? 네 것이 아니라 해도 주인에게 돌려주는 게 마땅하지 않아? 네가 잘못한 거 하나는 끝까지 거짓말을 한 것이고 다른 하나는 주인에게 돌려줄 수 있는데도 네 것이 아니라고 그냥 쓰레기통에 버린 거야. 네가 그런 마음이면 앞으로 뭘 해도 다 소용없는 일이야."

그 아이는 학생이고 나는 선생이라는 사실을 떠올려도 감정적으로 그 상황이 싫었다. 수업 준비를 안 해 온 아이들은 다른 반에 가서 아무 책이나 허락도 받지 않고 함부로 가져온다. 그리고 돌려주지도 않고 그냥 교실에 나뒹굴게 한다. 그러다가 책이 분리수거함에 들어갔을 것이다. 수업 준비물 검사를 하니까 건성건성 제 책을 찾다가 없는 줄 알고 분리수거함에서 들고 갔을 것이다. 그러다 제 책이 있는 걸 알고는 다시 버린 것이다. 바로 옆 반 아이 책인데도. 우현이도 끝내 거짓말할 작정을 하고 있었다. 내 눈이 너무 사나웠기 때문에 실토하긴 했지만 깨끗이 인정하지는 않았다. 처음엔 거짓말이었지만 나중엔 정말 아팠다고 알레르기인 것 같다고 계속 눈을 만지면서 우물쭈물했다.

아이들 곁에서 긴 시간을 보내는 동안 깨닫게 된 것 한 가지는 아이들이 보이는 문제는 그야말로 '문제'라는 것이다. 죄가 아니라 풀어내도록 도와주어야 할 문제. 어떻게 했으면 좋겠느냐고 아이들의 영혼이 묻는 것이다. 아이들과 나 사이에 감정이 상하는 일이 일어났다면 원인을 선생인 내게서 찾아야 해결이 된다는 것이다. 도대체 이놈의 자식들이 어째서 이렇게 싸가지가 없을까? 그렇게 생각할 때는 막막하기만 하고, 정 떨어지고, 선생 노릇 그만하고 싶고, 학교라는 곳에 희망이 눈곱만큼도 없는 것 같고, 내가 하는 일이 아무 의미 없는 일 같다. 다시 곰곰 생각해보았다. 책을 함부로 집어 와서 돌려주지 않은 아이와, 분리수거함에 도로 버린 아이와, 화장지를 씹어 뱉은 아이와, 거짓말을 한 아이, 그 아이들은 배움이 필요한 학생이지 범죄자는 아닌데 나는 심문하는 사람처럼 위협적으로 사납게 말했다.

"너, 지금 뭘 버리니?"

"휴지 던진 사람 나와."

"너, 정말 눈병 맞아?"

아이들은 두려움 때문에 순순히 잘못을 인정하고 반성할 기회를 놓쳤을지도 모른다. 게다가 반 친구들 앞에서 낱낱이 거짓말을 밝혀내고 무안을 주었다. 나는 형사가 아니고 선생인데 왜 잘못을 밝혀내는 데 목적을 두었을까? 화가 났기 때문이다. 내가 선생인 것을 잊었고, 그 아이가 배워야 한다는 것도 잊었다. 국어책과 공책, 국어사전을 검사하는 대신 수업을 좀 더 즐겁게, 정성스럽게 하는 데 마음을 기울였다면 남의 책을 함부로 집어 오지 않았을 것이고 거짓말할 필요도 없었을 것이다. 마음이 다시 편안해진다. 우현이에게도, 휴지 던지고 안 일어난 녀석에게도, 국어책 버린 녀석들에게도  미안하다. 학생들이 보이는 문제는 선생이 선생답게 성장하는 데 필요한 디딤돌이라는 걸 깨닫는다.

# 거절에 대하여

천안 중앙고등학교 이인호 선생님께서 우리 학교에 잠시 들르셨다. 이인호 선생님은 이번에 전교조 충남지부의 참교육실천부장을 맡았다. 몇 년 전에 전인순 선생님, 배현숙 선생님을 중심으로 몇몇 뜻있는 분들이 서산·태안 지역에서 지역신문과 함께 학생신문을 펴낼 때 이인호 선생님도 함께 일하셨는데 그때 선생님과 자주 만났다. 곁에 좋은 선배 교사들이 있다는 것이 얼마나 큰 행운인지 실감하는 날들이었다. 선생님은 성실하고 잔잔하고 다감한 분이었다. 마음에 깊이 와 닿는 선생님의 성품 중 하나는 사람들에 대한 이해이다. 누가 약속한 일을 제시간에 마치지 못해도, 일을 마무리하지 못하고 도중에 하차해도 똑같은 미소, 똑같은 음성으로 괜찮다고 오히려 위로하신다. 천안에 와서 이인호 선생님의 요청으로 다시 충남교육신문 펴내는 일을 맡게 되었다. 그때 나는 가장 불안하고 정신이 사나운 때였다. 일을 제대로 할 수 없을 것 같았다. 물론 그런 뜻을 비치긴 했지만, 열심히 일하는 선배 선생님들의 간곡한 요청을 차마 거절하지 못해 맡긴 맡았다. 그때 거절해야 했다. 그랬으면 다른 적임자가 일을 맡았을 것이다. 아니면 맡은 이상 책임을 지고 끝까지 해내든지. 그것이 옳은 일인 줄 머리로는 아는데 실천이 안 되는 점이 문제다. 신문은 창간호가 마지막 호가 되었다. 이렇다 할 설명도 없이 전교조 사무실에도 나가지 않고 신문도 안 내고 헝클어진 실타래 같은 마음으로 침잠했다. 나중에 선생님을 만났을 때 들 낯이 없었다.

"아니야, 괜찮아. 오히려 내가 미안하지. 선생님이 얼마나 열심히 하시는지 다 아는데. 분회(학교) 일이 가장 소중한 거지."

잘못에 대해 이런 따스한 이해와 위로를 받았으니 앞으로 누군가가 나와의 약속을 지키지 못한다고 해도 속상해하지 않고 힐난하지 않고 도리어 더욱 이해하고 위로해주어야겠다는 마음이 내게 생겼기를 바란다.

이인호 선생님은 학교에 몇 가지 자료를 전하러 오셨다가 도서실에 들르셨다. 이번에 어느 선생님께서 환경 분과를 맡아 일하시게 될 텐데 일 시작할 때 도와줄 수 있느냐고 물으셨다. 짧은 순간 갈등이 일어났다. 선생님의 얼굴은 그 사이 더 마르고 흰머리도 많이 생긴 것 같았다. 선생님이 이렇게 열심히 일하고 다니시는데 내가 이래도 되나. 전에 신문 일도 망쳤는데 이번에라도 열심히 해야 하지 않나.

그러나 여전히 나는 사람들을 만나고 교제하고 일할 상황이 못되었다. 그런데도 못하겠다는 말이 얼른 안 떨어졌다. 선생님을 안 좋아했으면 좋겠는데 좋아하는 것도 마음을 괴롭히는 원인이 되었다. 냉정하게 생각해서 책임 있게 대답하자. 그게 선생님을 사랑하는 마음에 가깝다. 내가 안 해야 진짜 적임자가 일한다.

"더 일을 늘리기가 어려워요. 학교에서 환경동아리 활동을 하고 있으니까 우리 아이들이 그 선생님의 프로그램에 참여할 여건이 되는 때는 함께하고, 동아리 활동 자료를 공유할 일이 있으면 그렇게 할게요."

선생님은 역시 웃는 얼굴 그대로 고개를 끄덕이며 그렇게 하라고 하셨다. 그 모습도 내게 본이 될 것이다. 누군가 나의 부탁을 거절할 때는 상대방에게 그럴 수밖에 없는 사정이 있다는 것을 기억하고 상처받지 말자.

세상에 거절하는 것보다 힘든 일이 또 있을까 싶다. 선생님이 외롭지는 않을까? 일할 사람들은 항상 부족한 법인데. 내가 거절한 일이 누군가의 어깨에 두 배로 얹히는 건 아닐까? 선생님이 가신 뒤에도 마음이 편치가 않았다.

"예, 그렇게 할게요."

"해볼게요."

그렇게 대답하면 부탁한 사람 기분도 좋게 해줄 수 있고 도움이 된다면 기쁜 일이기도 하다. 몸은 고되지만 해야만 하는 일이라면 하면서 사는 게 좋다고 생각한다.

"할 수가 없어요."

"안 되겠어요."

그 말이 하기 어려워 너무나 바쁘게, 제대로 하는 일도 없이 살았다. 무엇보다 사는 게 너무나 번잡해서 나는 요즘 거절하기를 훈련하는 중이다. 반성도 한다. 가진 능력보다도 더 과장되게 사람들에게 비치는 부분이 있는 것은 아닌지, 드러내어 일하기를 좋아하는 건아닌지, '아마도 저 사람이라면 이 일을 잘해낼 수 있을 거야.' 이런 생각을 하게 하는 부분이 있는 것은 아닌지. 그래서 이런저런 일거리들이 주어지는데 자주 힘이 부쳤다. 있는 힘을 다하지 않을 수 없었다. 일이 끝나고 나면 정말 온 힘을 다했구나, 이 일로 내가 한 걸음 성장했구나 싶은 생각이 드는 때도 없진 않았다. 하지만, 이제는 이런 방식의 벅찬 생활을 멈출 때도 된 것 같다. 그냥 여건이 허락하는 만큼, 내가 잘할 수 있는 일, 그것도 한두 가지만 성실하게 재미있게 하면서 살고 싶은 것이다. 그것이 나와 가족과 이웃, 학생들, 모두를 위한 일이라는 생각을 수십 번의 시행착오 끝에 하게 되었다.

옳지 않은 일보다 좋은 일 거절할 일이 더 많다. 내게 누가 나쁜 짓을 권하는 일은 없다. 모두 필요한 일이고 세상에 이로운 일들이다. 그러므로 거절한다는 것, 그 일에 참여하지 않는다는 것은 참 이기적이고 개인적이라는 욕을 얻어먹을 것을 각오해야 하는 일이다. 사랑하는 사람들에게 상처를 줄지도 모른다. 그걸 견디겠다니 늦었지만 철이 많이 들었다.

# 잠깐만 멈춰봐요!

왜 학교의 커튼은 푸르뎅뎅하거나 누리끼리한 색깔에서 벗어나지 못하는 걸까? 아이들이 잡아당기는 힘을 못 이겨 걸핏하면 철사 고리가 떨어져 나가고 축 늘어지는 커튼을 고쳐 달면서 나는 또 궁금하다. 이 고리가 이렇게 약하다는 걸 알면서 왜 다른 방식으로 바꾸지 않을까? 선생이 되어 보니 학교라는 것이 거대한 수레바퀴처럼 느껴진다. 누군가가 안간힘을 다해 버티고 서서 "잠깐만요! 잠깐 멈춰봐요!" 소리치지 않으면 10년, 20년, 50년, 늘 그래 왔던 대로 굴러가게 되어 있다. 사소하게는 커튼에서부터, 아이들의 커가는 몸집을 감당하지 못하는 책상, 의자, 새로 들인 지 일 년이 채 못 가 부서지는 사물함, 아무도 귀담아듣지 않는 운동장 조회, 형식뿐인 입학식, 졸업식, 덥고 춥고 비싸기만 한 교복, 수업, 시험의 형태가 변함이 없이 되풀이된다.

"우리 학교 졸업 앨범을 좀 다르게 만들어보면 어떨까요?"

3학년 담임으로서 그런 제안을 내놓을 때만 하더라도 그것이 얼마나 학교를 뒤숭숭하게 할지 짐작하지 못했다. 내 생각엔 몇 장 되지 않는 앨범의 면수와 부실한 내용에 비해 값이 비쌌다. 아이들의 그룹 사진은 한결같이 독립기념관 앞에 있는 '뭉치면 살고 흩어지면 죽는다'라는 글이 새겨진 커다란 바윗돌을 배경으로 하고 있었다. 그건 촬영기사의 나태와 무성의를 말해주는 것이다. 알아보니 학생 개인 앨범을 만들어주는 학교도 있고 학급 앨범, 문집 형태의 앨범까지 종류도 다양하고 편집과 디자인도 새로운 것이 많았다. 각 학교의 앨범 계약 상황과 부수, 면수, 납품가격에 관한 자료들을 모아나가면서 좀 더 싼값에 질 좋은 앨범을 만들려면 공개경쟁 입찰을 통해 제작업체를 선정해야 한다는 것을 알았다. 우리 학교는 개교 이래 54년간 한 번도 업체를 바꾸지 않고 앨범을 만들어왔다는 것도 알게 되었다. 나로서는 이해가 잘 안 되는 일이었다. 54년의 짧지 않은 시간이 흐르는 동안 단 한 번도 고민이나 회의가 없을 만큼 우리 학교의 졸업 앨범이 완벽했다는 것인가?

"바꾸려면 좀 복잡해요? 그러니까 특별한 하자가 없으면 그대로 가는 거지."

그 말이 맞았다. 앨범소위원회가 경쟁 입찰이라는 방식을 택한 뒤부터 나는 머리가 복잡해졌다. 좋은 앨범을 싸게 만들자는 합의만 있으면 되는 줄 알았는데 여러 가지 크고 작은 마찰이 일어났다. 앨범 업체가 바뀌게 되면 졸업할 아이들의 입학식, 수학여행, 야영, 지금까지 찍어온 행사 사진 필름들을 받을 수 없게 된다는 우려와 곧 2학년이 수학여행을 가게 되는데 누가 사진을 찍을 것인가 하는 문제가 제기되었고 심지어 전국 단위의 공개 입찰을 하면 지역 사진관에서 그냥 있지 않을 것이라는 이상한 이야기까지 들었다. 만일 입찰을 통해 다른 업체가 선정된다 해도 행사 사진 인화 요청을 할 수 있고 편집 기술이 발달해서 수학여행 사진을 교사들이 찍어 와도 무리가 없다는 설명을 몇 번이나 해야 했다. 나는 내가 일에 참 서투르다는 걸 깨달았다. 냉정하고 차분하게 진행하지 못하고 감정에 날이 서곤 했다. 왜 제대로 알아보려 하지도 않고 막연한 걱정만 하나? 왜 이 일을 달가워하지 않는가? 안 그래도 할 일이 많아 바빠 죽겠는데 왜 아무것도 아닌 걸 가지고 트집을 잡아 일을 더디게 하나? 그러다가 기어이 교무회의 시간에 교감 선생님과 감정적으로 부딪치고 말았다. 앨범소위원회가 모두 3학년 담임으로 구성되어 있으니 1, 2학년 담임과 학년부장을 넣어 다시 조직해야 한다는 교감 선생님 말씀에 그만 감정이 폭발하고 말았다. '사진관을 바꾸지 않으려고 3학년 담임들을 밀어내려는 속셈이지 뭐야.'

"1, 2학년 선생님 중에 이 일에 관심이 있는 분들과 함께하는 건 좋습니다. 그러나 이미 일해오고 있던 3학년 담임들을 빼고 학년별로 인원을 정해 똑같은 비율로 다시 조직해야 하는 이유가 뭔데요?"

감정이 상한 반발은 다시 교감 선생님의 마음을 상하게 했다.

"앨범 일은 3학년 일만이 아니니까, 학년부장들 포함해 1, 2학년 선생님들도 골고루 참여해야 한다는 뜻이오."

"그럼 지금까지 50여 년간은 어째서 아무 말 없이 3학년만의 일이었습니까?"

"그러니까 이제부터라도 잘해보자는 거 아닙니까."

서로 감정이 끝 간데없이 치솟았고 많은 사람을 불안하게 하며 긴 시간 우여곡절 끝에 마음을 가라앉히기까지, 거칠고 메마른 말들만 가슴에 가득 찼다.

'오지랖도 넓지. 무슨 영화를 보겠다고, 이깟 앨범 아무려면 뭐 어떻다고. 앨범이 바뀌면 교육이 바뀌나? 한 사진관이 100년, 200년 와서 찍은들 아무도 뭐라 않는데 내가 뭐 잘났다고.'

교감 선생님도 나도 서로에게 전혀 예의를 지키지 않는 시간이 흘러갔다. '왜?'라는 질문을 내게로 돌려보았다. 왜 화를 내지? 교감선생님이 의견을 내놓는 것처럼 나도 감정 없이 나의 의견을 내놓고 다 같이 의논하여 합의하면 되는 건데. 무슨 일이든 억지로 되지는 않는다. 사심 없이 할 수 있는 만큼만 최선을 다하고 나서 어떤 결과든 받아들이면 된다. 모두가 함께할 수 있는 만큼의 일이 내가 할 수 있는 일이다.

분쟁이 길어졌기 때문에 우리는 교장실에 불려 갔다.

"교감 선생님, 제가 잘못했습니다. 무례하게 말씀드린 거 용서하세요."

교감 선생님도 오랜만에 웃으면서 손을 내밀었다.

"선생님이 자기만 옳다고 해서 내가 화가 났어요. 교감도 잘못했지만 나도 잘못이 있다, 그러면 얼마나 좋아요."

속으로 놀랐다. 내가 언제 나만 옳다고 했지? '당신들은 틀렸다. 하나에서 백까지 다 틀렸다. 지금이 어떤 세상인데 어쩌면 그렇게 답답하냐?' 하고 생각하긴 했다. 그러고 보니 그게 나만 옳다는 말과 같은 것이었다. 당신들은 틀렸다고 생각하면서 분노하는 동안은 아무도 달라질 수가 없었다.

교감 선생님의 의견도 일부 반영하여 앨범소위원회를 확대하고 일은 다시 진행되었다. 행정실장님은 처음부터 흥미를 느끼고 도와주셨다. 한 번도 해보지 않은 일이라 새롭게 공부하는 기분이라고 하셨다. 교감 선생님과 편안해지자 일이 빠르게 진행되었다. 그래서 54년 만에 우리 학교의 앨범이 바뀌었다. 훨씬 값싸고 성의 있는 앨범이 만들어졌다. 모두 만족했다.

작은 변화를 우리 교사들이 함께 이루어냈다는 느낌을 갖고 싶었다. 그냥 굴러가지 않고 안간힘을 다해 멈추는 문제의식을 공유하고 싶었다.

"잠깐만요! 멈춰요, 멈춰봐요! 우리 잠시 숨 좀 돌리고 생각 좀 해요."

어느 조직이든 그렇게 소리치는 사람이 필요하다. 단 한 명이라도.

# 강제로 배우는 것 가운데
# 배울 만한 것은 아무것도 없다

대학 졸업을 한 학기 앞두고 창간 준비 중인 지역 신문사의 수습기
자로 들어갔다. 건강한 지역문화를 이끌어가며 '모심'과 '섬김'의 한
울 정신을 펴나간다는 취지를 가진 신문이었으므로 일하러 모인 분
들이 내겐 모두 선생님과 같았다. 아침 명상이 끝나면 편집부 국장님
이 기자들에게 그날의 취재 계획을 묻고 그와 관련하여 도움을 줄 사
람들과 찾아가 볼만한 곳, 공부할 책들을 권해주셨다. 좌충우돌 나
다니기 좋아하고 새로운 사람을 만나는 기대를 아직 잃지 않았던 스
물두 살, 나에게 신문기자는 즐거운 직업이었다. 아침회의에서 '장애
인과 비장애인이 서로 돕는 삶이 가능할까?'를 이야기하면 가양동에
있는 사랑의 선교 수사회에 찾아가 보라는 권유가 이어지고, 도예가
이종수 선생에게 관심이 있다고 말하면, 그와 더불어 대전 지역 젊은

도예가들의 움직임도 한번 살펴보라는 조언이 나왔다. 『슬픈 열대』, 『성자가 된 청소부』, 『나를 운디드니에 묻어주오』, 『시와 역사적 상상력』, 『단 한 개의 법조문만 있는 나라』, 『트리스탄 다 쿤하』, 『사과나무밭 달님』과 『우리들의 하느님』 등등 신문사에서 거론되는 책을 읽고 사람들을 만나면서 좀 더 깊고 근원적인 삶의 주제를 갖게 되리라는 예감이 생겼다. 사회부, 정치부, 편집부 동료 기자들은 문화부 담당인 내가 잘 짚어내지 못하는 부분을 공부하며 성장해나가는 소중한 사람들이지 경쟁상대가 아니었다. 공립학교의 선생이 된 내가 학교에서 실험해보고 싶은 교육은 바로 이런 것이다.

아침회의를 할 때 어떤 방향의 기사를 쓰고 싶다고 이야기할 수 있다는 것은 그것에 대해 나름대로 갈피를 잡고 정리했다는 것을 의미한다. 나의 글이 세상을 향해 펼치고 싶은 가치관이 무엇인지, 그 가치관이 현실화된 장면을 찾아낼 수 있는지, 그 삶을 제대로 읽어낼 만한 역량이 내게 있는지를 생각해야 했다. 학생 신분도 벗어나지 못한 수습기자가 느끼는 부족함은 너무나 당연했으므로 공부를 해야겠다는 구체적인 필요가 다가왔다. 그것도 책만으로는 해결할 수 없는, 스승을 찾아가 몸으로 배워야 하는 공부였다. 사랑의 선교 수사회를 처음 찾아갔을 때 나는 세상에 그토록 심한 장애를 가진 사람들이 있다는 사실에 충격을 받았다. 일어나 앉을 수는 없지만 팔은 움직일 수 있는 사람이 팔 없는 사람에게 밥을 먹여주는 모습을 바라보면서 막막하기만 했다. 그곳이 무서웠다. 장애인과 비장애인이 똑같은 존재라고 함부로 말할 수 없었다. 관념과 현실의 간극은 그렇게 큰 것이다. 처음엔 밥도 넘어가지 않던 그곳을 취재가 끝났는데도 친구들까지 이끌고 자꾸자꾸 찾아갔다. 요셉 청년도 보고 싶고 베드로 아저씨도 보고 싶고 자원봉사자 언니들과도, 수사님들과도 정이 들었다. 사랑의 수사회는 반가이 맞이해주는 식구들이 있는, 보고 싶은 사람들이 있는, 어느덧 별스럽지 않은 곳이 된 것이다.

첫 직장에서 경험했던 배움의 욕구와 적극적이고 능동적인 탐색이 정작 평생직장이 된 학교에서는 불가능하다는 것을 당황하지 않고 받아들이기가 나는 여전히 쉽지 않다. 어떤 사안에 대하여 누군가와 다른 견해를 내놓는 것이 그의 사사로운 감정을 자극한다는 사실도 나로서는 이해하기 어렵고 의견을 나누는 절차가 마무리되지 않았는데 회의가 중단되어버리는 일이 가능하다는 게 납득이 되지 않는다. 보충수업을 받을 의사가 없는 학생들을 강제로 학습자 명단에 넣는 일에 대하여 우리 교사들이 죄책감보다는 나름의 합당한 이유를 찾을 수 있는 현실이 괴롭다. 배움에 대하여 호기심을 가질 겨를이 없으며 학습자 스스로 선택할 수 있는 상황이 전혀 없는 곳이 학교라는 사실을 난 아마 깜박 잊고 있었던 것 같다.

　30여 년간 뉴욕 시의 유능한 공립학교 교사로 일했던 존 테일러 개토John Taylor Gatto는 『교실의 고백』이란 책에서 학교는 아이들을 교실에 가둬놓고 무감각해지게 만드는 곳이라고 정의했다. 나이 순서, 또는 표준화된 시험점수 같은 터무니없는 잣대로 엄격하게 범주를 나누고 아이들을 거기에 끼워 맞추며 아이들에게 등수를 매기고 그 아이들의 우수성을 양적으로 판별할 능력이 있는 체하는 곳이라고 했다. 또 아이들 스스로 발견하지 못하게 하면서 아이들이 스스로 배우는 시간을 포기해야만 얻을 수 있는 어떤 중요한 비밀을 숨기고 있는 체한다고도 했다. 시험점수를 터무니없는 잣대라고 하는 데 공감하는 나는 공립학교에서는 걸림돌 같은 선생임이 분명하다. 시험점수에 따라 아이들을 상·중·하 반으로 분반하는 수준별 수업에 대한 맹목적인 신뢰를 나는 아주 위험스럽게 생각한다. 미국의 아미시 공동체 사람들은 학교에서 아이들을 나이에 따라 나눠놓는 것도 거부한다. 나이가 다르고 이해의 속도가 다르고 경험이 다르고 각자가 발휘하는 능력의 종류가 다른 다양한 아이들이 섞여서 천천히 함께 배우는 것이 나쁘지 않다는 견해는 왜 재고의 가치도 없이 무시될 수밖에 없는가?

개토 선생은 강제로 배우는 것 가운데 배울 만한 것은 아무것도 없다고 말했다. 그러나 슬프게도 학교 안에서 강제 아닌 것이 무엇인지 나는 잘 생각해낼 수가 없다.

어제 장평중학교의 이훈환 선생님, 청양고등학교의 황영순 선생님 부부를 만났다. 아들 한울이의 수학공부가 좀 더 자유롭고 깊은 방향을 갖기를 바라는 마음에서 아들을 데리고 계룡산 아래 사는 어느 수학 선생님을 찾아가는 날이었다. 오랜 시간 수학을 공부해온 학자와 스스로 공부해보고자 하는 고등학생의 만남이 보기 좋았다. 둘이서 이야기를 나누는 동안 우리는 계룡산 도예촌을 산책했다. 후소도예의 윤정훈 선생님은 수습기자 시절에 나의 첫 취재를 도와준 선배님이다. 그때 막 도자기를 시작하던 윤 선배님과 동행하여 시내버스를 타고 산내면 낭월리에 있는 도예가들의 작업실에 찾아간 날은 비가 왔었다. 엉성한 작업실 창밖으로 옥수수잎과 호박잎에 후두둑거리며 빗방울이 떨어지고 젊은 도예가들은 진지하고 유쾌했다. 계룡산 중턱의 땅을 사고 도예하는 사람들이 모여서 작업할 수 있는 도예촌을 만드는 비전을 가지고 있다고 선배님에게 들었을 땐 말 그대로 비전인 것만 같더니 이제 중후한 무게를 가진 예술가들의 터전을 이렇게 만들어내었다.

학교가 낭월리의 엉성한 작업실이 될 수는 없을까? 모여서 내일을 준비하는 곳, 완성된 모습이 당장 눈앞에 보이지 않는 것을 당연하게 생각하며 실험하고 준비하고 실패하고, 다시 모색하고 희망을 발견하는 과정이 학교라는 이름으로 불리면 안 될까?

# 그래도 교사는 교사다

하임 G. 기너트의 『교사와 학생 사이』라는 책의 맨 끝에는 "그래도 교사는 교사다"라는 말이 있다. 교사가 맞닥뜨려야 하는 교육현장의 모든 상황 속에서 희망과 절망을 거듭한 끝에 내린 결론이라고 생각한다. 어린 중학생들이 학교에서 버젓이 담배를 피우고, 교실 바닥에 함부로 침을 뱉으며, 약한 아이들을 집단적으로 괴롭히고, 수업을 방해하고, 교사를 최소한의 예의도 없이 대할 때, 그것이 단지 아이들이 가진 개인의 문제만은 아니라는 점에서 교사는 절망하고 무기력해진다. 아이들의 문제 행동은 그들이 지르는 비명이라고 봐야 옳다.

초등학생의 방학도 반납하게 하는 일제고사가 부활했다. 밤이 되어도 양계장처럼 교실의 불이 꺼지지 않는다. 어떤 선한 목적이 있다고 해도 사람의 몸과 마음을 가진 아이들에게 감당하기 힘든 짐을 없는 건 너무나 잔인한 일이 아닌가? 그러나 우리는 일제고사를 막지 못했고 싫다는 아이들을 억지로 앉혀놓고 수업하는 일을 여러 가지 정황 때문에 거부하지 못하고 있다. 아이들이 가진 각각의 처지와 고통을 세밀하게 살필 겨를도 없다. 또한, 학교가 나아가는 방향은 사람을 기르라는 게 아니라 경쟁 속에서 살아남을 점수를 만들어내라는 것이다. 문제가 생기지 않는다면 오히려 이상한 일 아닌가? 마음이 병드는 것은 몸이 아픈 것보다 훨씬 심각한 일이다. 몸이 아프면 고치려고 애를 쓰지만, 마음이 병들면 삶을 포기할 수도 있다. 절망과 무기력함을 느끼지 못한다면 그는 진실하게 사는 교사가 아닐 것이라고 나는 짐작한다.

"그래도 교사는 교사"라고 이 책은 말하고 있다. 지은이 하임 G. 기너트는 교육현장의 문제들을 해결해나가고자 하는 모든 노력 중에서 교사의 태도와 역할에 집중했다. 교사도 학생이나 학부모와 마찬가지로 한계를 가진 존재이다. 교실에서 학생들을 대하는 교사의 역할이 공교육의 모든 문제점을 해결할 것처럼 읽히는 것은 경계해야 한다. 내가 이 책에서 얻은 것은 교사로서 나를 좀 더 훈련해야 한다는 생각이었다. 교사와 학생 사이는 사랑만으로는 충분하지가 않다는 것이 이 책의 명제이다. 꾸짖을 때도, 교사의 분노를 표현할 때도, 칭찬할 때도 교사와 학생 사이에서는 가르침이 일어날 수 있어야 한다. 그것을 지은이는 '특별한 기술'이라고 표현했다. 물론 그것은 사랑과 배려, 성장을 돕겠다는 진실함이 없다면 배움이 불가능한 기술이다. 수업하러 들어간 교실에 프린트물이 여기저기 굴러다니고 책상 위엔 다른 시간에 사용한 교과서와 노트가 어지럽게 쌓여 있고 과자 봉지, 밤 껍데기 같은 것이 흩어져 있으면 나는 인상을 쓰면서 화를 낸다.

"이게 돼지우리야, 교실이야? 느네 반이 전교에서 가장 지저분한 거 알어? 이런 데서 무슨 공부를 한다는 거야? 공부를 하면 뭘 해?"

책을 읽다 보니 유능하지 못한 교사의 언행으로 내가 하는 말이 나와 있었다. 노련한 교사는 분노를 두려워하지 않는다고 한다. 아이들에게 손해를 입히지 않고, 모욕을 주지 않고 분노를 표현하는 방법을 안다. 자신이 목격하고 느끼고 기대하는 것을 말로 설명한다. 문제에 대하여 조치하지 사람을 공격하지 않는다.

"책들이 교실 바닥에 널려 있는 것을 보고 화가 안 나겠니? 책을 바닥에 떨어뜨려 놓으면 안 되잖아. 주워서 정돈해."

그렇게 말하면 아이들은 책을 함부로 바닥에 굴리는 것이 옳지 못하며 선생님이 그걸 보면 화가 난다는 사실을 알게 되고 기분 상하지 않고도 책을 정돈할 수 있을 것이다. 칭찬도 마찬가지이다. 체육시간에 과녁의 한복판을 맞힌 아이에게 "대단하다. 완벽해. 넌 명사수야." 이렇게 판결을 내리는 칭찬은 기쁨과 즐거움 대신 항상 과녁을 맞혀야 한다는 두려움과 불편함을 안겨준다고 한다. "이번 화살은 과녁 한복판을 맞혔구나." 하는 게 옳다. "화살이 오른쪽으로 빗나갔네." 이렇게 결과를 객관적으로 평가하는 의견이 학생으로 하여금 좀 더 잘 쏠 수 있는 방법을 터득하게 하고, 더 중요한 사실은 한 인간인 자신에 대한 교사의 태도가 화살을 얼마나 잘 쏘느냐 못 쏘느냐에 따라 달라지지 않음을 깨달을 수도 있다는 것이다.

그러고 보면 교사란 얼마나 세심하게 순간순간을 깨어 있어야 하는 존재인가.

# 나보단 네가 더 어렵지

추석 연휴 마지막 날, 무지막지한 욕설이 담긴 문자 메시지를 받았다.

'존나 소설을 어떻게 쓰는지 알아야 쓰지. 병신 같은 ×. 쌍 ×.'

처음엔 이게 무슨 소린가, 잘못 온 메시지 아닌가 얼떨떨했다. 곧바로 두 번째 메시지를 받고 나서 그것이 나에게 온 것이라는 걸 분명히 알았다.

'또 이딴 숙제 내봐라, 죽여버릴 거야. 쌍× 밤길 조심해라. 칼 박힐라.'

그러니까 숙제에 불만을 품은 학생이 선생인 내게 보낸 문자 메시지였다. 절벽 아래로 떨어지는 듯, 눈앞이 캄캄해 오면서 다리가 후들거렸다. 아무 생각이 나지 않았다. 이런 일이 있을 수가 있구나. 발신자 번호는 111이라고만 나와 있었다. 일주일간 소설 공부를 했고 마지막 수행 과제로 공책 4쪽짜리 소설을 숙제로 내면서 형식과 주제는 자유롭게 하되 될 수 있는 한, 시점視點을 지켜보라고 했다. 교과서의 묘사 장면들을 읽어주면서 줄거리로 뼈대만 세우지 말고 묘사도 해보라고 했다. 쉬운 숙제는 아니었을 것이다.

"우리가 어떻게 소설을 써요!"

"소설을 한 번 써보는 게 얼마나 큰 추억이 되겠어? 우린 소설가가 아니니까 소설을 잘 쓸 필요는 없겠지. 잘 쓰려고 애쓰지 말고 놀다가, 먹다가, 공부하다가 틈내서 잠깐씩만 재미 삼아 써봐. 써보면 소설이란 게 뭔가 다시 생각하게 될 거야."

"판타지도 되나요?"

"물론."

"컴퓨터로 쳐도 되나요?"

"이것만은 공책에 볼펜으로 쓰자."

교실마다 있었던 장면들을 떠올려보면서 그중에 한 학생이 내게 이런 마음을 품었다고 생각되자 심장이 쿵쾅거렸다. 불만을 느낄 수도 있다. 욕도 할 수 있다. 그러나 이런 종류의 욕설을 선생의 핸드폰에 문자 메시지로 보낼 수 있다는 게 너무나 놀랍고 말 그대로 기가 막혀서 한동안 아무 일도 할 수가 없었다. 혼자 헛된 꿈을 꾸고 있었구나. 아이들은 이럴 수도 있는데, 여기까지 왔는데, 이런 아이들을 앞에 놓고 의미 없는 꼭두각시 노릇을 했다는 자괴감이 꽉 차올랐다. 발밑이 와르르 무너지는 기분이었다. 아이들과 소통하고 있다고 착각하고 있었다. 내가 아이들을 예뻐하는 만큼 아이들도 나를 신뢰한다고 믿었다.

두 개의 문자 메시지를 이해하는 그 순간에 나는 희망과 신뢰를 버렸다. 분노와 허탈함과 이 녀석이 누군지 잡아서 퇴학을 시켜버리겠다는 불같은 조급함이 눈앞을 흐리게 했다. 어떻게 그날 밤이 지나갔는지 모르겠다. 아무리 마음을 진정하려고 해도, 기도를 하려고 해봐도 충격이 가시질 않았다. 살아가면서 누구에게나 칭찬과 격려를 받을 수는 없을 것이다. 생각이 다를 수도 있고 비난을 받을 수도 있다. 그럼 비난의 정도가 심해서인가? 비난의 수위도 내가 정한 대로 조절해가며 받을 수 있는 것인가? 아니란 것도 아는데 발밑이 무너지는 이 기분은 뭘까. 문제는 상대가 학생이란 것에 있었다. 학생에게 선생으로서 이런 비인격적인 모욕을 당하고도 내가 선생으로 살아갈 수 있을까. 내 앞에 학생이란 없었던 것이 아닌가? 있다고 착각하고 있었을 뿐.

다음 날, 수업이 잘되지 않았다. 아이들은 나를 보자마자 소설 이야기부터 했다.

"건환이 소설 읽어보세요. 너무 웃겨요."

"와! 소설가가 정말 위대하다는 걸 알았어요."

"남의 것 베끼면 안 되죠?"

그런 말들에서부터 소설 수업이 재밌게 풀려나갈 수 있을 것인데 나는 교실을 둘러보며 누가 메시지를 보낸 녀석일까를 생각하고 있었다.

"이런 문자를 받았어. 내 번호를 아는 걸로 미루어 우리 반이겠지? 숙제하다 보니 답답하고 화가 나서 선생님에게 고통을 주려고 그런 문자를 보냈다면 성공했다. 정말 고통스러워서 그 순간부터 아무 일도 못 했거든. 잠도 못 잤어. 누군지 자기 스스로는 알겠지. 잘못했다고 느껴지더라도 용서 빌러 오지 마. 용서 안 할 거야."

퇴근하는 길에 이동통신사 대리점에 가서 번호 추적을 했다. 마침 전산 장애가 생겨 10분이면 가능하다던 발신자 번호 확인이 다음 날 오후에야 이루어졌다. 그리고 그 사이에 마음이 조금씩 정돈되었다. 내가 선생이라서, 상대가 학생이라서 도무지 용서가 안 될 것 같았는데, 선생이라서 더구나 상대가 학생이라서 용서할 밖엔 다른 길이 있을 수 없다고 마음이 바뀌었다. 내가 무엇인데 이런 일이 절대 일어날 수 없다고 생각했나, 과제가 어떤 학생들에겐 너무 힘겨울 수도 있다는 생각은 하지 못했나? 나는 누구에게도 이런 공격을 한 일이 없나? 나도 수많은 용납과 이해와 신뢰와 기다림의 순간들 속에 있었을 텐데 이 상황을 받아들이기가 왜 이렇게 힘이 들까?

추적된 번호를 대리점으로부터 받아 적는데 어디서 많이 본 듯한 번호였다. 정말 우리 반 학생인가 싶어 가슴이 뛰었다. 그럴 리가, 설마. 교실에 들어가 출석부에 적힌 번호를 훑어보았다. 거기에 그 번호가 있었다. 정말이지 생각도 못 했던, 너무나 뜻밖의 이름이 그 번호 옆에 적혀 있었다. 떨리는 마음으로 고개를 들어 창가에 앉은 그 아이를 바라보았다. 아이는 고개를 푹 숙이고 앉아 있었다. 뭔가 잘 못된 것 같았다. 그럴 리가 없었다. 나는 내내 의심이 가득 찬 마음으로 몇몇 아이들의 이름을 떠올려보고 있었다. 그 애는 아니었다. 아이를 데리고 나와서 빈 교실로 들어가 물었다.

"네가 그랬어?"

녀석은 고개를 끄덕이며 눈물을 글썽거렸다.

"정말 너야? 다른 녀석이 네 핸드폰 뺏어서 그런 것 아니야?"

아이는 고개를 가로저으면서 눈물만 흘렸다. 순하고 착하고 말이 없고 우직한 이 아이의 마음속에 그런 욕이 담겨 있다는 게 믿어지지가 않았다. 혼비백산하여 부모님이 달려오셨다. 어머니는 우셨다.

"저도 처음엔 내 아들이 설마 그럴 리가 없다고 생각했는데 문자 보낸 시간을 확인해보니 제 아이가 그런 게 분명합니다. 그 시간에 친구들이 놀러 오지도 않았고 집에 있었거든요. 숙제 다 마치기 전엔 컴퓨터 켜지 말라고 했더니 제 성질을 못 이겼나 봐요. 이런 일이 없었으면 제 아들 속에 이런 게 있었는지 제가 어떻게 알았겠습니까. 어떤 벌도 달게 받겠습니다. 용서해주십시오. 선생님이 용서를 안 하시면 제 아들이 한평생 용서받지 못한 인간으로 살아야 합니다."

그때는 내가 이 문제로부터 배우려고 하는 마음이 되어 있어서 어머니와 녀석과 나는 서로 위로할 수 있었다. 성장하기 위해서 교사보다는 학생이 더 힘든 역할을 맡는 일이 많지 않은가. 지금도 나보단 네가 더 어렵겠지. 녀석은 몹시 울었다. 그리고 다 풀었다. 내가 일하는 조그만 학교를 포함한 이 세상에서 내가 영원한 학생이란 것을 이해한다. 끝없이 다가오는 번민, 해결해야 할 수많은 문제들, 마음을 불편하게 하는 것들, 이것들이 내게 무엇을 가르쳐주려고 하는지 알아듣지 못한다면 이 아이들 곁에서 교사로 살아가기 어려울 것 같다.

# 스승과 벗

선생님과 사모님이 삼 년 묵은 시래기를 들고 오셨다. 선생님 댁 베란다에 내내 매달려 있던 시래기다. 색깔이 다 바래고 마를 대로 말라 바람에 널면 부스스 날아가버릴 것 같다. 삼 년 묵은 시래기는 약이라고 한다. 밥 지을 때 시래기 가루를 부스러뜨려 넣어서 해먹으면 칼슘 사 먹지 않아도 된다고 누누이 타이르셨다. 병원에서 호르몬제를 처방해주면서 앞으로 7, 8년은 먹어야 한다고 했다고 말씀드렸더니 얼마나 걱정이 되셨는지 사모님께서 시래기 다발과 함께 장어를 사다 고아서 보자기에 싸들고 오셨다. 대학 시절 문예창작 시간에 선생님을 만난 이후 20여 년이 흐르는 동안 선생님의 처방을 따르지 않은 적은 거의 없었다. 은유와 함축과 비약을 심하게 사용하시는 선생님을 만난 대학교 4학년 때 나는 사람들의 '말'을 몹시 싫어하는 이상한 상태에 놓여 있었다. 할 말도 없고 듣고 싶은 말도 없는 건방지고 절망스런 시기였다. 선생님은 표정도 없고 앞뒤 없이 한마디 툭 던지고 마는 화법을 가지고 있었다. 나로서는 아주 편안한 것이었다.

어느 날 선생님이 조교실로 불렀다. 신과 인간과 자연에 대하여 책도 좀 보고 그러는 모임이 있는데 와보려느냐고 물으셨다. 그래서 그해 겨울부터 대전 대덕구 연축동에 있는 선생님의 13평짜리 임대 아파트를 드나들게 되었다. 드나들긴 했지만, 공부는 열외였다. 나는 아직 공부에 뜻도 없고 맛도 몰랐다. 친구들과 버스를 타고 한적한 그곳에 가는 길, 친구들이 번역해 와서 읽고 이야기하는 걸 듣다가 선생님이 차려주는 간단한 음식을 맛보는 일, 공부 끝나고 걸어 나오는 논두렁길, 개구리 울음소리, 계족산의 달빛, 그런 것 때문에 그냥 다녔다. 대학 졸업할 무렵 서울로 취직하여 올라갈 때 선생님이 영등포까지 동행하셨는데 먼저 기차에서 내리면서 말씀하셨다.

"전철 거꾸로 타지 말고 잘 봐서 타."

일 년 내내 신과 자연과 인간에 대해서 심오한 말씀을 많이도 해주셨을 텐데, 난 이것을 선생님과 나눈 첫 구절이라고 기억하고 있다.

"객지 생활하다 보면 인자 어른이다 싶은 생각이 들 거여."

나는 세련되고 당당한 요즘 여대생이 아니었다. 엄마 옷을 빌려 입고 가방 하나 들고 서울 변두리 시장터에 있는 영수 학원에 돈 벌러 가는 촌년이었다.

그때부터인 것 같다. 선생님과 요즘 뜸했구나. 어디 아프신 건 아니겠지? 생각하면 선생님한테서 전화가 온다.

"사회생활하느라고 적잖이 바쁘신 모양여."

한의사도 아닌 선생님께 기침이 안 그친다, 위장병이 안 낫는다, 어깨에 담이 결려서 힘들다, 이야기해온 것도 20년이 되어간다. 그때마다 선생님은 생지황을 아홉 번 쪄서 갖다 주시기도 하고 침놓는 분을 소개해주시기도 했다. 선생님도 제자인 내게 감동하신 바가 없지 않은데 선생님의 처방을 나처럼 잘 따르는 경우가 드물기 때문이다. 서산중학교에 첫 발령 받아 가보니 어쩌나 회식이 많은지 집에서 저녁을 먹기가 힘들 정도였다. 일 년의 회식 끝에 위장병을 얻었다. 병원도 소용이 없었다. 선생님의 처방은 이랬다.

솔잎을 따서 식초 떨어뜨린 물에 잘 씻어 말렸다가 가루를 내되, 반드시 조선솔이어야 하며, 될 수 있는 대로 깊은 산중의 오염되지 않은 것을 딸 것. 현미와 검은콩과 검은깨를 볶아서 가루 낼 것. 보리를 볶아 가루를 내되 겨울 난 보리여야 함. 그렇게 낸 가루들로 죽을 쑤어서 한 끼에 반 공기씩 한 달간 먹을 것. 맛이 영 없으면 꿀을 한 숟가락씩 타도 좋으며 조선 된장 심심하게 타서 맑은장국으로 먹을 것. 다른 음식은 절대불가.

처방대로 죽과 맑은 된장국 도시락을 싸들고 다니면서 실천했다. 재료를 준비하는 일부터 요가 수련이었다. 한 달이 지나자 오랜 시간 고통을 주던 위장병이 말끔해졌다. 덤으로 군살이 빠져나가 몸이 아주 가벼워졌다. 선생님께 병이 나아서 감사하다고 전화를 드렸더니 하하하 웃으셨다.

"야, 과연 최 씨가 독햐 이? 하다 말 줄 알었더니 어뜨케 여태 굶었냐?"

문예창작 강의를 하는 선생님을 명의名醫라고 생각하는 사람은 아마 없을 것이다. 나도 별로 생각 안 해봤다. 객지 생활하다 보면 인자 어른이다 싶은 생각이 들 거여, 하고 말씀하시고 기차에서 내리실 때 내 마음이 선생님의 객지 생활을 읽은 것 같다. 세상살이의 신산함, 거기에 첫발을 떼는 제자를 염려하는 선생님의 마음을 느낀 것이 선생님의 처방을 믿는 근거가 될 수 있는 것인지는 잘 모르겠으나.

이번에도 학교를 쉬고 있는 내게 선생님은 거의 수행에 가까운 처방을 내려주셨는데 속리산 꼭대기에 있는 암자에 가서 한 달간 지내다 오라는 것이었다. 거긴 예전에 달빛에 의지해 선생님, 사모님, 그리고 민구와 같이 올랐던 곳이다.

"잎사귀를 통과한 달빛만 산에 넘실댄다고 여기서 짐승같이 살면 좋겠다고 니가 시를 읊었잖여. 그렇게 주지스님 벗해서 짐승처럼 산나물 뜯어 먹으면서 한

달 살믄 너는 산에서 내려올 땐 날아서 올 거여. 딸내미? 뭔 소리여, 개두 병 고치러 간 엄마 생각하면서 한 달 혼자 밥해 먹고 지내면 그 야말로 성숙한 예술혼을 갖게 되는 겨."

아마 어지간했으면 기꺼이 산에 갔을 것이다. 모든 자극으로부터 해방되어 신과, 인간인 나와, 자연에 집중하여 일체감을 느껴볼 수 있는 산중 공부의 기회가 아무한테나 오겠는가? 그랬으면 선생님은 최씨가 과연 독하다고 기분 좋게 웃으셨을 테고 나도 또 한 고개를 넘은 몸과 혼을 갖게 되었을 텐데 그렇게 못 했다.

병원에 있는 동안 민구가 갑자기 나타났다. 민구는 서산중학교에서 시작된 나의 첫 교사 시절에 내게 국어를 배운 학생이다. 서산·태안 지역의 학생신문 일을 함께했던 학생 기자였고 한 달에 한 번 전교생이 모이는 '열린 우리 한마당'의 훌륭한 사회자였다. 국어수업이 끝나면 반마다 번호 순서대로 다섯 권의 국어공책을 걷어서 들고 나왔다. 국어공책 한 귀퉁이를 접어 그날 수업에 대하여 좋았던 점과 개선해야 할 점이 있으면 적어달라고 부탁했다. 이해가 잘 안 되는 부분이 있는데 쑥스러워서 질문하지 못하는 학생을 위한 공간으로 활용할 수도 있었다. 학생들은 그곳에 칭찬도 써주고 충고도 하고 긴 편지도 썼다. 쉬는 시간에 국어공책을 읽는 것이 즐거웠다. 학기 초에 강민구라는 아이가 공책에 나의 잘못을 지적하는 글을 썼다. 내가 칠판에 무심코 쓰는 'ㅁ'의 순서가 틀렸다는 것이다. 바른 획순대로 번호까지 야무지게 매겨놓았다. 이렇게 섬세한 아이가 누굴까? 다음 시간에 공책을 들고 수업에 들어가는데 맘이 설렜다. 민구는 눈이 반짝반짝 빛나는 아이였다. 칠판에 'ㅁ'을 바르게 쓰면서 국어선생으로서 그동안 한글 자모를 생각 없이 써온 것에 대해 아이들에게 사과했다.

어느 날 아침 걸어서 출근하고 있는데 민구가 자전거를 타고 학교에 가다가 멈춰 서더니 품 안에서 종이를 하나 꺼내 내밀었다. 그건 시였다. 내용은 기억이 안 난다. 제가 쓴 시를 건네주고 학교에 가던 자전거 탄 소년, 내게 남아 있는 예쁜 그림 중의 하나이다. 그런데 민구 녀석은 잘 생각이 안 난단다. 그리고 엉뚱하게도 약국에 가서 영수증 가져오라는 심부름을 시켰던 걸 기억하고 있다. 영수증을 보니 내가 무슨 약인가를 일 년 내내 엄청 사 먹은 걸로 되어 있어서 몹시 걱정했다고 한다. 연말정산 때문에 가짜 영수증을 뗀 거라고 말하려니 정말 미안하고 부끄러웠다. 그땐 내가 좀 그랬다. 고등학생 민구, 대학생 민구, 이제 졸업하고 직장인이 된 청년 민구. 늘 소식을 전하고 버스 타고 찾아오는 고마운 사람.

옆에 계신 분들에게 제자라고 소개했더니 "제자는 무슨, 남자친구죠." 하고 능청을 떤다. 친구라는 말이 옳다. 학생 시절에 선생님 곁에 있는 동안 내가 하도 공부를 안 해서 나중에 선생님처럼 공부하는 모임을 지속할 줄 몰랐고 나도 누군가에게 선생님으로 불리며 그들과 벗이 되어갈 줄도 몰랐다. 요즘 읽은 책에 이런 구절이 있었다.

스승이면서 친구가 될 수 없다면 진정한 스승이 아니다. 친구이면서 스승이 될 수 없다면 그 또한 진정한 친구가 아니다.

(고미숙,『열하일기, 웃음과 역설의 유쾌한 시공간』중에서)

스승을 갈망하는 마음이 인생에 스승을 초대하는 징검돌이 된다. 스승을 필요로 하지 않았을 때 나의 삶은 방향이 없었다. 살아가면서 부딪치는 문제들에 대한 근원적인 성찰을 할 줄 몰랐고 중요한 것은 문제를 해결하는 능력이 아니라 그 문제를 바라보는 태도라는 것도 몰랐다. 어떤 문제가 나를 힘들게 한다는 것, 반복된다는 것은 그 문제로부터 배워야 할 것을 내가 아직 배우지 못했기 때문이다.

"기도가 다 이루어졌어."

어느 날 친구가 말했다.

"대학 시절부터 내 소원은 두 가지였어. 좋은 친구와 좋은 스승을 만나게 해달라는 것, 어느 날 보니 그 두 가지가 다 이루어졌더라고."

잠시 먹먹했다. 대학 시절부터 우린 줄곧 함께 공부하는 친구였다. 읽는 책, 더불어 사귀는 벗들, 찾아뵙고 배움을 얻는 선생님, 여행하는 곳…… 행보가 겹치는 시간과 공간 속에서 확장되는 세계를 함께 느낄 때 행복했다. 나에게 친

구가 있구나, 스승이 많구나, 공부하는 복이 있구나. 그렇게만 여겼다. 타고난 것처럼 생각했던 나의 복은 대학 시절부터 도반과 스승을 갈망해왔던 내 친구의 삶이 준 혜택이었다.

공부라는 것은 자기의 삶 앞에 정면으로 설 때 시작된다. 곳곳에서 벽을 만나는 이유가 뭔지 배우지 않고는 견딜 수가 없을 때 공부에 대한 열망이 생긴다. 한 걸음 더 나아간 존재로서 내 삶에 진실하고 싶을 때 공부에 방향이 생긴다. 그리고 거기에 스승이 있다. 내가 걸어갈 중심을 보여주기 위해 숱한 시행착오의 길을 갈팡질팡하며 앞서 걸어간 사람이 스승이라고 생각한다. 책을 읽다가, 여행을 하다가, 일을 하다가, 혹은 어떤 만남 속에서 내 열망에 시선을 맞추며 다가오는 스승을 향해 언제나 나의 모든 감각이 열려 있기를.

# 너의 불완전함을 사랑한다

나는 안타까웠지만 별도리 없이 지켜만 보았습니다. 그러면서 해가 가고 새봄이 왔습니다. 그런데 이번에 보니 죽었다고 생각했던 그 가지에 물이 올라 있었습니다. 얼마나 기쁘던지요. 내가 죽었다고 생각하는 동안 나무는 추운 겨울을 견디며 새 생명을 준비했던 것입니다.

『넌 혼자가 아니야』를 쓴 조재도 선생님의 말이다. 어느 날 그는 집 밖으로 옮겨 심은 단풍나무의 가지가 말라 있는 걸 보게 된다. 그가 단풍나무 가지를 위하여 할 수 있는 일은 없다. 하지만 지켜본다. 바라보아주는 것이다. 그 속엔 1퍼센트쯤의 희망이 있을 것이라고 나는 생각한다. 말로 표현한다면 "혹시, 어쩌면……"이 아닐까. 죽어 가는 나뭇가지 속에 어쩌면 1퍼센트의 희망을 위한 사투가 있을지도 모르므로 죽었다고 단정하지 않고 바라보는 것이다. 그것이 가냘픈, 모자란, 힘없는, 생에 대한 응원이다. 세상에는 어른들 못지않게 아이들이 배워야 할 슬픔과 두려움, 외로움이 준비되어 있다. 아이들도 제 삶을 키워내느라 힘겹게 싸운다. 그러나 어미의 뱃속에서 땅으로 떨어진 송아지가 젓가락 같은 다리를 후들거리며 일어서려고 애를 쓰는 걸 지켜보듯이, 마음을 다해 지켜보는 일 말고는 해줄 수 있는 일이 무엇인가. 동화들 중의 얼마쯤은 그런 것이었으면 한다. 뜨거운 김이 나는 혓바닥으로 안쓰러이 어린 송아지를 핥아주며 일어서기를 기다리는, 일어설 것을 믿는 어미 소의 마음 같은 동화.

어떤 아이들은 무난하고 낙천적인 부모 아래서 형제들과 뒹굴며 구김 없이 자라고 어떤 아이들은 부모의 슬픔, 고통, 부족함, 편협함 아래서 저도 모르는 그늘을 안고 큰다. 그것이 선택의 문제가 아니듯이 자라면서 조금씩 달라지는 모습들도 자신의 희망대로 되지만은 않는다. 어떤 아이는 영리하고 어떤 아이는 이해력이 떨어진다. 어떤 아이는 활달하고 씩씩하여 주위를 환하게 하는데 어떤 아이는 수줍고 움츠려 있어 마음을 쓰게 한다. 지은이는 완전한 사람은 이 세상에 없다고 말한다.

누구에게나 한두 가지 결함은 있게 마련이고, 우리가 사랑하는 것은 그 사람의 완전함이 아니라 부족한 부분이라는 것을 보여주고 싶었습니다. 물과 햇빛과 바람은 앞서 말한 단풍나무 가지를 살려놓았습니다. 사람에 대한 이해나 배려도 마찬가지입니다. 생명의 싹은 그런 가운데 돋아납니다. 단풍나무나 사람이나 사랑의 빛에 의해 자라나기는 마찬가지인가 봅니다.

한두 가지 결함을 사랑하기란 얼마나 어려운 것인지. 또 나의 결함을 용납받지 못하는 고통은 얼마나 큰 것인지. 사람의 단점은 남보다도 스스로를 먼저 상처 입히는 약점이라는 것을 깨달으면서도 타인의 결함을, 특히 그것이 나를 찌를 때는, 아픈 마음으로 감싸주기를 잊어서 삶이 인색하고 팍팍하다.

생각을 먼저 하고 말하는 버릇 때문에 말을 더듬고 천만이 일당에게 고통을 받는 주인공 밝음이의 편에 서서 세희처럼 날카롭게 옳고 그름을 지적해내기는 쉽다. 세희는 천만이와 맞서 싸우지만 그것이 밝음이에 대한 깊은 이해와 교감에서 비롯된 것은 아니다. 세희는 결국 밝음이 때문에 제가 고통받는다는 결론을 내리게 된다. 세희는 밝음이를 '위해 무엇인가를 해준' 것이다. 그러나 이 동화가 소망하는 세상은 거기에서 한 차원 더 나아간다. 밝음이를 혼자만의 세상으로부터 밖으로 이끌어낸 건 똑똑한 세희가 아니라 말할 때마다 코를 찡긋거리는 틱 현상을 보이는 유선이였다. 유선이의 부모는 날마다 싸우다가 헤어졌다. 그 어린아이는 밝음이가 끝까지 말할 때까지 기다릴 줄 안다. 유선이는 밝음이보다 더 나은 위치에 있지 않다. 너와 내가 같은 사람이라는 것, 너는 나를 알아준다는 것, 너는 나를 좋아

한다는 것보다 더 나은 치료는 없다. 유선이는 밝음이에게 무엇을 해 준다는 의식이 없었다. 『넌 혼자가 아니야』는 이런 마음들이 어룽진 이야기였다.

영국의 아동문학작가 조안 에이킨Joan Aiken은 그의 책, 『꿈과 상상 력을 담은 동화 쓰기』에서, 동화를 쓰는 이는 자신의 작품이 어린이 들 인생에서 처음으로 맞이하는 독서 체험이 될지도 모른다는 가능 성을 항상 염두에 두어야 한다는 것과, 한 어린이가 처음으로 읽은 책은 그 어린이에게 놀라운 영향을 끼친다는 것을 말했다. 『넌 혼자 가 아니야』가 어느 어린이에겐가는 첫 독서가 될지도 모른다. 내 어 린 시절의 기억으로 짐작건대 아이들에겐 특유의 예민한 감응력이 있 다. 나는 중학교 수학여행에서 처음 바다라는 걸 보기 전까지는 어 둠이 칠해진 물결과 바람, 정체 모를 꽃 한 송이의 외로운 이미지로 바다를 떠올렸다. 물결과 바람은 그렇다 하고 꽃은 무엇인가? 아주 나중에 그것이 『바위나리와 아기별』의 이미지였다는 걸 알았다. 망 망한 바닷가 바위 곁에서 아기별을 기다리고 있는 바위나리의 쓸쓸 함이 '바다'라는 낱말을 생각할 때 자연스럽게 덧칠되는 정서였다.

『넌 혼자가 아니야』는 아이들에게 어떤 느낌일까. 초등학생 3학년 인 딸애는 목욕물 속에 앉아 그걸 읽다가 문을 열고 "엄마! 얘도 수 학을 못한대!" 하고 소리쳤다. 밖으로 나와서 빨가벗은 채로 물을 뚝 뚝 흘리면서, 밝음이가 수학을 못해 아빠한테 야단을 맞으며 얼굴이 달아오르고 가슴이 두근거리는 장면을 큰 소리로 읽었다. 가장 재미있는 건 옥상에서 닭을 잡는 장면이라고 했다. 밝음이의 생일에 초대받은 덕주와 윤희가 옥상에 올라가 닭을 잡느라고 소란을 피우는 건 큰 줄기에서는 벗어나 있는 부분이다. 아이들에게 중요한 것을 우리는 상상치 못할 수도 있다. 아이들의 관심은 무릎 아래에 있다고 한다. 길가에 떨어진 개똥, 움푹 팬 구덩이, 개미, 돌멩이, 하수구 속의 쓰레기…… 다른 장르와는 또 다르게 동화를 쓴다는 건, 우리가 지나온 뒤에 잃어버린 세계의 통로를 찾아내고, 정서의 어린 세포들을 되살려야만 생생해지는 일인 듯싶다.

동화의 모든 요소 중에서 어린이들을 가장 사로잡는 건 줄거리일 것이다. 주인공이 등장하고 주인공을 괴롭히는 인물의 악한 행동과 음모가 땀을 쥐게 하고 결말이 어떻게 될까 조마조마하며 화도 나고 가슴도 아프고 어떤 장면은 통쾌하며 어떤 부분의 묘사는 한없는 상상력을 불러일으키면서 긴박감, 기대감, 환상, 이런 것들이 적절히 녹아 있는 줄거리는 아이들의 시선을 잡고 놓아주지 않는다. 이 동화는 조금은 점잖은 감이 있다. 주인공과 등장인물들과 사건이 조금도 과장되어 있지 않고 드라마 효과를 위한 강조도 느껴지지 않아서 책을 읽는다기보다 실제 일어난 일을 그대로 듣는 것 같다. 『넌 혼자가 아니야』에는 뚜렷한 악역이 없다. 삶도 그렇지 않은가? 살아가는 동안 주인공과 주변인, 가해자와 피해자, 선량함과 그악스러운 배역이 한 사람 안에 뒤섞인다. 하지만 이야기책을 읽는 행위를 통해 독자가 기대하는 것 중에는 삶의 진실과는 무관한 어떤 것도 포함되어 있지 않을까? 희망은 생동하는 과장이나 허풍, 거짓말을 매개로 하여 생겨날 수도 있는 것 같다. 이 동화에서는 줄기차게 밝음이를 괴롭히는 천만이조차 컴퓨터 세대의 아이로서 정서의 치료를 받아야 할 가엾은 존재라는 여지를 준다. 악역에 대한 처벌이 없다니, 어린이들로서는 배신감을 느낄지도 모를 일이다.

그러나, 그렇기 때문에 이 동화는 머위나물같이, 할머니 손길같이 심심한 맛이 난다. 물처럼 햇빛처럼 바람처럼 있는 듯 없는 듯, 따스함이 묻어난다. 사람에 대한 믿음, 지속적인 관심이 느껴진다.

나는 이 책을 교통사고를 당한 막내 동생이 며칠째 의식을 잃고 누워있는 중환자실 앞에서 읽었다. 제목 때문에 그 책에 손이 갔을 것이다. "넌 혼자가 아니야." 혼자서 생사를 오르내리는 동생에게 들려주고 싶은 말이었다. 면회시간을 기다리며 중환자실 앞 의자를 지키고 앉아 있는 것 말고 속수무책 할 일이 없는 마음에도 필요한 말이었다. 동생은 깨어났다. 우리는 참 약한 존재들이었다. 특히 가장 불완전한 사람인 내가 동생들을 다그치며 오랜 시간 힘들게 했다. 하나의 껍질을 깨고 나오기가 이리도 힘들고 대가가 이렇게도 큰 것은 내 껍질이 그만큼 단단하기 때문일 것이다. 세상의 모든 존재는 이 동화 속에 나오는 리어카 장수의 말처럼 없는 것은 없지만, 있어야 할 건 다 있는 존재라는 걸 나는 조금씩 알아가고 있다.

# 나들이

해수탕이라는 데를 처음 와보았다. 따뜻한 노천탕 속에 앉아 서해의 짠 습기를 머금은 바람을 서늘하게 얼굴에 맞는 기분이 상쾌했다. 머리 위로 비구름이 낮게 흐르고 언덕에는 바위취 흰 꽃대가 소슬하게 흔들렸다. 여행하기엔 비가 오락가락하는 날도 나쁘지 않았다.

"이게 정말 바닷물을 데운 겨?"

할머니들은 탕 속에서 물을 찍어 먹어보셨다.

"이잉 짜네, 짜. 진짜네."

항상 조용하신 석원이 할머니는 탕에도 안 들어오시고 한 귀퉁이에 얌전히 앉아서 앙상한 팔을 문지르고 계셨다. 단비교회 사모님께서 할머니들 벗은 몸을 보면 가슴이 아프다고 하시더니 무슨 말씀인지 알겠다. 어쩌면 저렇게도 작을까, 얇은 살갗이 덮고 있는 뼈마디가 나뭇가지 같았다. 우리 교회 할머님들도 뒤에서는 구시렁구시렁 남의 흉보고, 별것 아닌 걸 욕심내고, 공연한 말다툼도 하고 그러시는 것 종종 봤지만, 목욕탕에서 보는 할머니들의 몸에선 한줌의 욕망도 느껴지지 않았다. 살과 뼈, 그 속에 담겼던 희로애락까지 햇빛 속에, 바람 속에 다 말라버린 느낌. '아무것도 아니다'라는 생각이 절로 들었다.

할머니들보다 젊은 내 몸뚱이가 할머니들의 그것과 조금도 다르게 보이지 않았다. 지금 내게 일어났다 가라앉았다 하는 기쁨, 슬픔, 즐거움, 분노, 그리고 온갖 바쁜 일들, 그거 다 아무것도 아닐 텐데 이렇게 아무것도 아니게 살다가…… 갑자기 몹시도 외로운 할머니가 된 내 얼굴이 그려졌다. 두렵고 슬프고 미리 외로웠다. 얼른 석원이 할머니한테 갔다. 조금만 세게 밀면 창호지처럼 찢어질 것만 같은 할머니의 등을 수건으로 살살 밀었다. 할머님들은 차에 오르기 전에 이렇게 말씀하셨다.

"때 읎을 규. 아시 닦구 왔어."

석원이 할머니도 깨끗하셨다. 미리 씻고 오지 않으셨더라도 그 몸 어디에서도 때가 밀릴 것 같지 않았다. 할머니 할아버지들은 청년들의 시중을 들으며 어린애처럼 즐거워하셨다.

조금 있으면 농사가 바쁘고 다들 편찮으신데다 연세가 높으셔서 언제 또 이렇게 다 같이 여행을 떠날 수 있을지 모른다고 목사님이 30인용 봉고차를 빌려서 암을 앓고 계신 상동리 할아버지와 아흔 살이 넘은 목수 할아버지, 몇 년째 중풍을 앓느라 바깥바람 한번 쐬기 어려운 도두말 할아버지까지 모시고 떠난 여행이었다.

"저렇게까지 하고 싶을까?"

지나가는 사람들 중 몇이 휠체어에 앉아 유람선에 오르는 도두말 할아버지를 보고 생각 없이 말했다. 안 그래도 폐가 된다고 안 오시려 하는 걸 목사님과 사모님이 기어이 모시고 왔는데 그 이야길 들었다면 너무나 슬프셨을 것이다. 말로 짓는 죄가 얼마나 큰지 알겠다.

봉고차만으로는 자리가 부족해 어린이들은 내 차를 타기로 했는데 늦잠을 잘까 봐 알람시계를 세 개나 맞춰놓고도 긴장해서 새벽 다섯 시부터 눈을 떴다. 내가 목사님을 좋아하는 이유 중의 하나는 목사님도 나처럼 아침잠이 많다는 것이다. 농사짓느라 고되어 그렇기도 하겠지만 어쨌든 목사님은 새벽에 못 일어나신다. 대신 잠이 적은 사모님이 새벽 닭 울기도 전에 눈을 떠서 겨울엔 군불 때고 성경 읽고 석원이 할머니와 두 분이 앉아 새벽 예배를 드린다고 한다.

"석원이 할머님이 귀가 어두우시잖아요. 둘이 예배드리면서 교인 수십 명 모인 예배 인도하는 것처럼 소리를 고래고래 질러요. 누가 지나다 들여다보면 우스울 거예요."

아침 여덟 시 반이 되자, 허리가 반이나 굽고 머리가 새하얀 석원이 할머님이 가장 먼저 교회 마당으로 들어오셨다. 30년 무속인으로 일하시다가 은퇴하고 단비교회 신도가 되신 한상희 할머니께서는 빨간 스카프를 목에 두르고 하얀 모시 저고리에 꽃무늬 수를 놓은 파란 치마, 현역 시절의 유니폼을 입고 오셨다.

"이거 다 옛날에 일할 때 입던 건디, 안 입으믄 뭐햐. 나 죽으믄 다 아궁이 들어갈 거. 어뗘 만복아, 션허냐(시원해 보이냐)?"

"웅, 션하네."

만복이 청년 어머님이 순하게 대답하셨다. 여울이 어머니와 여울이 할머니, 상동리 할머니 부부, 목사님의 부모님이신 다우리 할머니와 할아버지, 다우리네 작은아버지 부부, 지난밤 서울에서 내려온 사랑의 교회 청년들까지 교회 마당이 북적북적했다. 떡과 과일을 싣고 우리는 서해로 떠났다. 차가 삽교천 방조제에서 잠깐 쉬었는데 할머님들이 모두 창밖으로 얼굴을 내밀고 활짝 웃으며 바라보는 건 바다가 아니라 아장아장 걷는 목사님 댁 막내 아기, 효비였다. 예배드릴 때도 설교는 안 듣고 아기만 보다가 아기가 눈이라도 찡긋하면 좋아서 손뼉을 치며 웃는 분들이니…… .

점심은 삼길포에서 먹었다. 할머니 할아버지는 기운이 없어서 먼 여행을 싫어하신다, 이가 없어서 회 같은 거 안 좋아하신다, 커피 마시면 잠 못 주무신다고 나는 멋대로 생각해왔는데 멀미도 안 하셨고 쉴 새 없이 이야기를 하며 까르르 웃음을 터뜨리셨다. 미리 고깃배에 부탁해두었던 우럭과 놀래미회, 매운탕은 물론 디저트 커피까지 맛있게 드셨다.

"젊은네들이야 앞으로 살 날이 많으니께 녹차 마시고 우릴랑 커피 줘. 다 쓴 몸뗑이 애껴 뭐햐. 커피나 맛있게 먹고 죽을란다."

　위암 앓는 상동리 할아버지도 음식을 조금씩 조심하여 드시면서 여행을 즐기셨다. 가벼운 감기 앓는 듯 자연스러웠다. 위암 환자는 목에 고무호스를 끼고 침대에 누워 '투병'하는 줄만 알았다. 중풍 앓는 할아버지가 바다 여행을 갈 수 있다는 건 생각도 못해봤다. 할머니 할아버지 모시고 여행하는 건 봉사활동 차원이라 생각했다. 와보니 이렇게 편안하고 재미있는데.

　사람 마음을 헤아려주지 못하는 것만큼 서운한 일이 없다. 나도 석원이 할머니, 도두말 할머니와 똑같은 모습으로 늙을 것이다. 20년 뒤, 30년 뒤, 그때의 내가 여행을 싫어할까? 커피와 고운 옷과 친구를 싫어할까? 예쁘다는 말 듣기 싫을까? 지금의 내 모습, 30년 흐른 시간이 이분들이란 걸 알겠다. 꽃 피면 남녘 땅 어딘가를 떠올린다. 기차 소리가 들린다. 여기 피는 꽃과 거기 피는 꽃이 다른 것도 아닌데 마음이 묻지도 않고 짐을 꾸린다. 식물학자도 아니고 사진작가도 아닌데 누가 정말 꽃 보러 가나? 꽃 피는 기운에 눈 뜬 내 영혼이 날개를 치는 것이다. 이 마음이 그대로 할머님들 마음, 늙어도 무게 잡는 할아버지들 마음.

처음으로 나의 미래인 할머니, 할아버지 친구들과 커피를 마시며 바다를 본 날이었다.

# 집 구하기

기수 아빠께서 전화를 하셨다. 개울 옆에 빈집이 하나 있는데 주
인 말씀이 겨울에 터진 보일러나 새로 고쳐서 살고 싶을 때까지 살라
했다는 것이다. 개울 옆의 빈집이라면 파란 지붕을 한 가건물이다. 여
름 장마철에 비가 많이 오면 그 집 앞 개울물이 길 위로 넘쳐 일곱 가
구가 모여 사는 우리 동네 사람들은 차를 아랫마을에 세우고 조붓
한 상여다리를 건너 걸어 올라가곤 했다. 작년, 마을에 초상이 났을
때 상여를 멘 아저씨들이 몸을 대각선으로 밖으로 뻗치고 발은 다리
위에 두어 마치 상여를 좌우 양쪽으로 잡아당기는 것 같은 모양으로
그 좁은 다리를 건너가는 걸 보고 과연 상여다리다 싶었다. 죽은 사
람의 상여가 산 사람들을 꼭 붙잡고 개울을 건네주는 것 같았다. 내
게 거저 와주겠다는 건, 바로 그 상여다리 끝에 동그마니 서 있는 집

이다. 그것 참 운치 있겠다. 늦은 밤 지나다 보면 노란 가로등이 상여다리를 아늑하게 비추고 있던 모습도 떠올랐다. 기수 아빠는 그 집 뒤로 딸린 묵정밭을 트랙터로 다 갈아엎어 줄 테니 채마밭을 만들라고 하신다. 그건 나같이 게으른데다 일 많은 사람에겐 꿈같은 일이다. 동네 사람들이 오가며 얼마나 흉을 볼까. 고춧대도 바람만 불면 넘어지고 배추 이랑도 반듯하게 되질 않던데. 일 년 텃밭 농사를 지어보고 나서 나는 두 손 들고 말았다. 씨앗과 모종을 나누어준 이웃들에게 미안스러워서라도 밭을 구해야겠다고 결심하고 휴가를 낸 날, 아침부터 저녁까지 뙤약볕을 무릅쓰고 밭에 엎드려 있는데 아랫집 아저씨가 왜 학교에 안 갔느냐고 물어보셨다.

"풀 땜에요……."

아저씨는 기가 차서 허허 웃으셨다.

"선생님, 농사는 그렇게 짓는 게 아닙니다. 아침나절 이슬 마르기 전에 잠깐, 해질 녘에 잠깐, 날마다 잠깐잠깐씩 밭소리 들려줘가매 해야지, 그렇게 본업을 작파하시고 하루 품을 멘들 돌아서면 또 그 타령일걸요."

채마밭은 안 되겠다고 사양을 하자 기수 엄마가 같이하면 된다고 힘을 북돋워주셨다. 말이 같이하는 거지 분명히 고생은 기수 엄마 혼자 하시고 수확만 나눌 것이 뻔한 일이다. 나는 채마밭보다도 집 앞으로 물이 콸콸 흐르는 개울이 있다는 게 좋았다. 그런데 주인아저씨가 오셔서 그 집 문을 열었을 때 나는 기가 눌리고 말았다. 운동장만

한 홀이 덩그렇게 비어 있었다. 본래는 주인아저씨의 아버님께서 '구득도求得道' 명상센터를 하시려고 지은 건물이라는 것이다. 방은 조그맣게 세 개쯤 붙어 있었는데 군데군데 천장이 내려앉고 방바닥은 곰팡이가 피어 울룩불룩했다. 우리 학교 것과 비슷한 화장실도 있긴 하였다. 세상에 쉬운 일이 없구나.

"인부 불러서 사나흘쯤 공사를 하면 말끔할 거예요. 변기는 들어내고 양변기를 다시 놔야겠고, 보일러는 어디가 터졌는지 알 수가 없으니 천상 다 뜯어봐야 알겠네. 방범창도 좀 달아야겠고, 거실은 보일러 돌릴 생각 마세요. 전체 오십 평이나 되는데 감당 못해요."

"그분들 밥은 어떻게 지어드리지요? 저는 학교 가야 하는데."

평소에는 휴가도 잘 내면서 갑자기 학교를 빠지는 건 있을 수 없는 일인 것처럼 걱정되었다.

"식당에 부탁하면 해줘요. 가스레인지 하나 갖다 놓고 참으로 라면 끓여 먹으라 하면 되지요 뭐."

기수 아빠 엄마께서 당신 일처럼 나서서 이곳저곳 알아보신 끝에 공짜로 집을 구해주셨는데 정작 나는 엄두가 나지 않아 대답할 수가 없었다. 일단 생각을 해보기로 하고 그분들은 돌아가셨다. 상여다리를 건너 멀찌감치 서서 그 집을 바라보았다. 저물어가는 개울가에 쪼그리고 앉아 이런저런 궁리를 하다 보니 초등학교 다닐 때 개울에서 빨래하던 생각이 났다. 빨랫돌에는 달팽이들이 옹기종기 달라붙어 있어서 빨래하기 전에 그것들을 떼어내곤 했다. 아마 그래서 아버지께 그런 불손한 말을 자연스럽게도 할 수 있었을 것이다.

"아버지, 어떻게 한평생을 살았는데 집이 없어요? 달팽이도 제집을 각자 달고 다니는데."

우리 아버진 얼마나 슬프셨을까? 초등학생인 나로서는 이해할 수가 없었던 것이다. 집이 그렇게 비싼가? 아무리 그래도 그렇지, 한평생 돈을 벌었을 텐데 사람이 자기 살 집도 마련 못 한다는 게 말이 되나. 살아보니 그건 아버지 탓이 아니었다. 어느 날 생각해보니 비싼 옷도 안 입고 회도 안 사 먹었는데, 주식투자도 안 했고 고스톱을 쳐서 돈을 잃은 적도 없는데 나도 아버지처럼 집이 없다. 그 어미에 그 딸 아니랄까 봐 초등학교 1학년인 딸내미도 내게 이렇게 물은 적이 있다.

"엄마, 우리는 왜 우리 집을 안 짓고 계속해서 주인아저씨들께 빌리기만 하는 거야?"

"너무 바빠서 말이야, 집을 지을 틈이 나야 말이지. 게다가 엄마는 선생님이잖아. 살고 싶은 곳에 살 수가 없어. 오 년에 한 번씩은 이사를 해야 한다구. 어디에 집을 지어야 할지 알 수가 없거든."

"엄마, 우리 집 지을 땐 아파트 짓는 아저씨들 부르지 말고 꼭 우리가 직접 짓자. 내가 페인트칠을 하고 싶어. 꼭이야. 그 대신 재료는 엄마가 사줘야 해. 나무하고 붓하고."

나는 그래도 고정수입이 있는 사람이고 발령 나는 대로 여기저기 떠돌며 살 사람이라서 내 집을 가져야겠다는 생각을 해본 적이 없으므로 마음 가볍게 잘 살았다. 하지만 아버지, 어머니는 얼마나 불안하고도 외로운 심사로 살아가셨을까. 나는 아직 젊고 피가 뜨거워 말처럼 동분서주 휘달리며 정신없이 살아가지만 집을 구하러 다니면서 생의 외로움, 가볍지 않은 무게가 슬며시 어깨 위를 찾아와 누르는 느낌을 받았다. 무엇이 나를 지탱하고 이끌어줄까. '일상日常'일 거라는 예감이 든다. 기수네 집에 가서 묵밥 해먹고 딸아이의 운동화를 사러 나가고, 학생들을 야단치고 숙제를 내고, 이렇게 집을 구하러 다니면서 어머니의 외로움을 생각하는 그런 일들 말이다.

# 두 마리의 토끼?

각종 자물쇠가 주렁주렁 매달린 구두병원을 지나다가 도서실 열쇠 좀 하나 복사해달라던 신 선생님 말씀이 생각났다. 집에서 쓰던 조그만 나무 소파를 도서실 귀퉁이에 가져다 놓았는데 몸이 아픈 신 선생님이 가끔 쉬어 가셨나 보다. 덮개 천을 갈아 씌우고 얇은 모포를 한 장 얹어두었더니 감기에 걸려서 얼굴에 열이 오른 학생들도 와서 몸을 웅크리고 누워 앓고 가곤 한다. 고맙다. 휴게실도, 양호실도 없는 우리 학교에서 피곤하고 아픈 몸을 받아주는 낡은 의자 하나.

서예 동아리를 하는 선생님들이 붓글씨를 쓰느라 찾아오고, 대금 동아리 학생들은 와서 대금 연습을 하고, 교실을 여학생에게 내준 남학생들은 체육복을 들고 들어와 책꽂이 사이사이에 숨어 옷을 갈아입는다. 때로 담임선생님들이 집단 상담을 하느라 도서실을 쓰기도 해서 열쇠를 몇 개씩 복사하느니 번호를 맞추어 여는 자물쇠를 하나 사는 게 나을 것 같았다. 구두병원 주인아저씨는 마치 서커스를 하는 사람처럼, 비좁은 상자 속에 몸을 구겨 넣고 구두에 광을 내고 있고, 손님인지 친구인지 건장한 아저씨들이 둘이나 더 바짝 앉아 있어 그 틈에 끼어 물건을 고르기가 민망할 지경이었다. 도서실보다 더 밀도 높은 공간도 있구나 싶었다. 우리 학교 도서실은 만 권도 못 되는 책을 소꿉살림처럼 꽂아놓았는데 이미 빼곡해져 버려서 책꽂이를 하나 더 들여놓으려면 책상을 하나 내보내야 할 처지다.

그래도 도서실에 앉아 있을 때가 맘이 가장 편안하다. 광목을 마름질해서 만든 커튼이 시간에 따라 맛이 다른 햇빛을 머금는 걸 바라보는 것도 좋고, 창가에 매달아둔 풍경風聲이 댕그랑거리는 소리를 듣는 것도 좋다. 만화책도 사고 무협지도 샀다. 권장도서가 아니라도 아이들이 읽고 싶어 하는 책들을 새로 사서 꽂았더니 아이들이 드나든다.

신기한 것은 해마다 독서를 강조하는 공문이 날아와 쌓인다는 것이다. 올해는 '독서 붐 조성을 위한 실천 계획서'를 제출하라는 공문이 내려왔다. 독서 시간이 운영되고 있느냐고 묻는 장학사에게 되물었다.

"독서 시간을 어디에 끼워 넣지요?"

"학교 현장의 상황은 잘 압니다. 하지만, 기초학력을 소홀히 할 수도 없지요. 학력 신장과 독서, 우리는 그 두 마리의 토끼를 다 잡도록 노력해야 합니다."

어떻게 학력을 신장하는 것과 독서를 별개라고 생각할 수 있는지 이해되지 않는다. 국어사전을 보면 '학력'이란 습득한 학문상의 역량이라고 풀이되어 있다. 학교에선 그것을 시험문제를 잘 풀어낼 수 있는 능력, 혹은 다른 학교와 경쟁해서 더 나은 점수를 받을 수 있는 능력으로 풀이한다. 그래서 도서실은 시험 때가 되면 학생들이 출입을 자제해야 하는 곳으로 여겨진다. 그러니까 독서라는 것도 증거가 있어야 한다. 교과 학습과 연계하여 시험문제를 내는 것과, 제목·읽게 된 동기·줄거리·인상 깊었던 구절·소감 따위로 칸이 나뉜 독서록 쓰기, 독후감 점수를 수행평가에 반영하는 것, 이런 것들이 독서의 증거다. 국어경시대회라는 것도 열린다. 초등학교의 경우엔 학력경시대회를 담당하는 교사가 있어 그 아이들에게 과외 같은 특별수업을 시킨다고 한다. 내가 아는 선생님도 경시대회용 특별반을 운영하느라고 방학도 반납하는 걸 보았다. 그럼 다른 아이들이 받는 수업은 무엇이란 말인가? 그런 가치관 안에서 어떻게 독서가 중요하다는 생각이 가지를 칠 수 있는지, 알 수 없는 일이다.

선생으로서 내가 갖고 있는 조그만 꿈 하나는 아주 아름다운 도서실을 학생들에게 만들어주는 것이다. 담쟁이넝쿨이 있는 둥근 창문, 예쁜 커튼, 자신들의 작품이 상설 전시된 벽, 속상할 때 숨어들어 엎드려 울 수 있는 작은 책상들, 읽고 싶은 책들이 있는 곳, 찾아야 할 자료가 갖추어진 곳, 예술적인 감성이 싹틀 수 있는, 저절로 발걸음이 가는, 그런 도서실 말이다. 그래서 자신도 모르는 사이에 책을 읽는 행위가 얼마나 행복한 것인지 알게 되는 도서실, 그 안에서 한 걸음의 성장이 보이지 않게 일어나는 도서실. 그러므로 국가가 학생들의 독서를 위해 도와줄 일은 아낌없이 돈을 내주는 것과, 그 결과에 대해 성급하게 확인하려 들지 않는 것과, 자유롭고 편안한 마음으로 책 좀 읽을 수 있도록 보충수업이니 특별반 수업이니 하는 것들로 우리를 괴롭히지 않는 것뿐이라고 나는 생각한다.

독서 붐 조성을 위한 계획이라고 써낸 게 저런 것이니 교육청에서 웃고 폐기 처분했을 것이다. 언젠가 그 꿈을 꼭 이룰 것이다. 오천 원짜리 자물쇠를 풀어버리고 온종일 문을 활짝 열어두는 도서실, 나무 의자처럼 한결같이 학생들을 기다리는 도서실의 꿈을.

# 제4부

# 지금은
# 조금 흔들려도 괜찮아

# 선생님, 드릴 말씀이 있어요

아침에 딸애가 비장한 목소리로 말했다.

"이제 딱 이십 일밖에 안 남았어."

"뭐가?"

"시험."

나는 우하하하 웃었다. 보통은 딸내미가 언제 시험 보는지 알지도 못했다. 어느 날 학교에서 돌아와 오늘 시험을 봤다고 하는 식이었다. 시험을 보는데 그렇게 아무 준비도 없었느냐고 물었더니, 학교 가는 길에 문방구에 들러 호박엿을 두 개 사 먹었다고 대답했다. 엿사 먹는 걸로 간단히 시험 준비를 끝내는 녀석이 심각하게 웬 날짜 계산은…….

"웃지 마. 초등학생도 스트레스가 있다구. 평균 구십 점이 안 되면 엄마가……."

"엄마가 뭐? 내가 뭘 어쨌게?"

"엄마가…… 싫어해."

평균 90점을 안 받아온다고 나무란 적은 없지만, 딸내미가 그렇게 이야기하는 게 한 푼도 억울하지 않았다. 자식에 대해서 또 학생들에 대해서 내가 이중적인 태도를 보이고 있다는 걸 스스로 알고 있다. 학교 성적이 이 아이들의 삶의 질을 좌우한다고 전혀 생각지 않는 한편, 그놈의 공부라는 것 시원하게 잘해버리도록 도와주고 싶은 마음도 있는 것이다. 요즘 나는 안 하던 짓을 했다. 아침에 칠판 한 귀퉁이에 영어 단어, 한자 낱말 같은 것을 대여섯 개씩 써놓고 틈틈이 외라고 했고 당번을 시켜 수업 시간에 떠드는 녀석의 이름을 적게 했다. 정신을 차리고 보니 이게 내가 한 일인가 싶다. 담임이 돼서 만난 아이들에게 해줄 수 있는 일이 겨우 저것이었다니.

"선생님, 드릴 말씀이 있어요."

클럽활동 시간에 옆에서 꽃밭의 풀을 함께 뽑으면서 권호가 말을 걸었다.

"아이들한테 떠드는 사람 이름 적으라고 하는 거요, 그거 하지 말았으면 좋겠어요. 적힌 아이들과 적는 아이가 싸우게 되고 사이도 나빠져요. 또 적는 애와 친한 아이는 떠들어도 이름이 안 적혀요."

"맞아요. 쉬는 시간에 몰려가서 싸워요."

착하고 좋은 친구라고 우리 반 모두 인정하는 종순이가 거들었다.

"종순이도 알잖아요?"

권호는 종순이가 이렇게 말할 정도이니 선생님이 다시 생각해야 한다고 확실하게 다짐을 받아두려는 듯이 말했다.

"알았어."

이름 적기를 없애고 내친김에 칠판에 단어 적는 것은 어떻게 생각하느냐고 반 학생들한테 물었다. 서른네 명 중 열다섯 명이 하지 말자고 한다. 안 그래도 너무나 바쁜데 그것까지 외우려면 가슴이 답답하다는 것이다.

"그럼 두 개만 적으면 안 돼? 영어 하나, 한자 하나."

종순이를 생각하면서 물어보았다. 전학 온 종순이는 몸이 약해서 공부하는 데 많은 어려움이 있지만 적어주는 단어를 얼마나 열심히 외우는지 쪽지 시험을 보면 거의 다 맞히고 기쁜 얼굴을 들어 눈을 맞춘다. 나는 종순에게 엄지를 치켜세우고 종순이는 활짝 웃는다. 우리 반 모두 종순에게 박수를 쳐준다.

"알았어요. 딱 두 개."

아이들이 나를 봐줬다. 별로 하고 싶진 않지만 선생님이 한 걸음 물러나니 두 개쯤은 외워주겠다, 이거다.

내가 학생들의 삶에 진심으로 바라는 것이 무엇인가 생각해본다. 딱 한 가지만 말하라면 뭘까. 당연한 이야기지만 '행복하게 사는 것'이다. 우리 반 아이들은 행복하게 살기 위해서는 공부를 잘해야 한다고 한다. 좋은 대학에 가서 좋은 직장을 잡아야 행복할 수 있다고 단

호하게 말한다. 그렇게 생각하는 이 아이들이 걸어야 할 험난한 길이 너무나 안쓰럽다. 행복은 거기 없다고 말해주고 싶다. 그러면서도 나는 문제집이니, 점수 대책 같은 걸 들먹이고 거꾸로 공부 잘해야 행복하다고 말하는 녀석들은 징그럽게도 공부를 안 한다.

『나부터 교육 혁명』을 쓰신 강수돌 교수님 말씀이 부모들은 자녀를 사랑의 결실로서가 아니라 '제2세대 노동력'으로 본다고 한다. 아이들이 교육받고 노동시장에 나갔을 때 남들보다 더 나은 대접을 받을 수 있기를 바라는 것이 '제2세대 노동력' 관점이다. 우리 사회의 사다리형 계급구조 중 가장 높고 좁은 윗부분을 빨리 차지하게 하려면 항상 자기 자식이 다른 아이들보다 우위에 서야 한다. 이런 강박관념으로 키우는 아이는 타인을 사랑하기는커녕 경쟁상대로만 여기며 자기 자신의 내면마저 억압하게 된다. 제2세대 노동력으로서의 경쟁력을 지닌 존재가 되라는 소망을 품고 자녀를 바라보는 순간 아이의 일생은 비틀린다고 강 교수님은 말했다. 건전한 인격체가 지녀야 할 내면적 자율성을 기르는 대신 외부의 상벌에 자기를 길들여가게 되는 것, 이것은 환경 파괴보다 더 무서운 인간 파괴라고.

우리 아이가 공부를 잘해서 일류 대학에 가고 남들이 흔히 갖기 어려운 직업을 갖고 좋은 조건의 남자를 만나 결혼하고 물질적으로 풍부하며 재능을 인정받아 이름을 세상에 내며 산다고 생각해본다. 그것을 행복이라고 여긴다면 행복하겠지. 그러나 외적인 조건은 시시각각으로 변하는 것이다. 행복할 수 있는 조건을 쟁취하고 지켜내기 위해 끝없이 자기를 소모해야 하는 것 아닌가. 또 세상에 공짜가 어디 있나. 아이가 반납해야 할 성장과정의 순수한 즐거움과 반짝이는 느낌들, 세상과 친근하게 소통하는 마음과 여유로움을 생각해보았다. 그런 것들을 잃을 때 내 아이는 행복할 수 있는 능력도 함께 잃으리라. 나는 내 아이들을 2세대 노동력으로 보지 않겠다고 마음먹는다. 딸애가 미술대회에 나간다고 하는데 어떻게 해야 상을 타게 할까, 그런 궁리가 눈곱만큼도 안 들고 돗자리와 김밥 들고 따라가서 재미있게 놀다 올 계획을 짜게 된다. 계획을 짜면서 아이도 신이 난다. 상에 매일 것이냐, 그 하루 즐겁고 행복할 것이냐, 나는 우리가 모두 함께 즐거울 수 있는 선택을 하면서 살고 싶다.

# 화를 내지 말고 슬퍼하라

일주일에 두 번쯤, 아이들이 돌아간 학교에 남아 홍성 금마중학교에서 일하는 친구가 퇴근하여 오길 기다렸다가 장곡사 근처나 대치고개 청국장집에서 저녁을 먹고 같이 서당에 공부하러 간다. 편안한 시간이다. 나보다 2년 정도 앞서 교사가 된 친구의 첫 일터는 충남 당진군 대호지면에 있는 당진중학교 분교였다. 친구는 학교 앞에서 자취를 했다. 벽을 사이에 두고 방을 칸칸이 들인 시멘트 블록집에 선생님들이 하나씩 세 들어 살고 있었다. 저녁을 먹고 학교 구경을 갔다. 교무실은 아담하고 새로 지은 화장실도 깨끗했다. 저녁 먹고 나면 시골에서 별로 갈 데가 없는 선생님들이 학교에 와서 이도 닦고 머리도 감고, 피아노를 친다고 했다. 학교에서 나와 바닷가로 걸어가는데 서녘 하늘에 노을이 물들기 시작했다. 고즈넉한 갈대숲에서 사람의 발소리에 놀란 청둥오리 떼가 후두둑 날아오르고, 조그만 배 한 척이 물결에 밀리면서 삐걱대는 소리가 쓸쓸하여 듣기 좋았다.

도착할 시간이 되었는데 친구가 오지 않아서 교문 밖으로 천천히 걸어 나왔다. 큰길가에 서서 학교를 바라보니 조금 전까지 세탁기 속에서 마구 휘둘린 것처럼 머리가 땅했다. 누가 제 필통을 털어갔어요. 아무 잘못도 안 했는데 준수가 때렸어요. 누가 제 의자에 껌 붙여 놨어요. 국어책을 훔쳐갔어요. 제 교복에 영준이가 낙서했어요. 왜 3반만「이웃집 토토로」보여주고 우리는 수업만 하는 거예요. 아이들이 불러대는 소리가 아직도 귓속에서 윙윙거린다. 석양의 바다를 바라보며 서 있던 친구의 고요한 모습이 떠오른다. 선생님들의 조그만 책꽂이와 정갈하던 책상, 텅 비어 평화로워 보이던 운동장, 교사가 되면 나도 고요하고 평화롭게, 아이들의 활발하고 건강한 성장을 지켜보면서 살아갈 줄 알았다.

교단에 서게 된다면『나의 교단』에 나오는 현인순 선생 같은 사람이 되고 싶었다.『나의 교단』은 예전에 친구가 한번 읽어보라고 빌려준 북한 소설인데 시간이 흐르는 동안 다른 줄거리는 희미해졌지만, 이상하게도 한 장면만큼은 간혹 떠오르곤 했다. 소설 속에서 북한의 교사들은 분과장 교사를 중심으로 수업 전 분과 토론을 하고 있었다. 토론을 통해 수정하고 보완한 수업지도안에 분과장이 수표(사인)를 해야 수업에 들어갈 수 있었다. 그런데 한 선생이 공개수업을 앞두고도 분과 토론을 하지 않았다. 교장 선생의 절대적 신임을 얻고 있었으므로 분과장을 거치지 않고 바로 교장의 수표를 받아냈던 것이다. 그는 '붕어'를 수업 주제로 정하고 혼자서 훌륭하게 자료를 준비했다. 아이들 책상마다 어항을 놓아주고 산 붕어를 잡아다 넣어주었으며 수업 내용도 훌륭했다. 수업을 참관한 교사들이 감탄하며 나간 뒤 자신만만하게 현인순 선생의 의견을 묻는 그에게 현 선생은 안타까워하면서 말한다.

"선옥 선생, 우린 잘못했어요. 준비한 교편물을 좀 더 잘 이용할 수 있었는걸…… 지느러미의 역할은 설명하는 것이 아니라 가위로 잘라 보이는 것이 낫지요."

현 선생이 나간 뒤 그는 붕어를 들고 지느러미를 가위로 잘라보았다. 꼬리지느러미를 잘린 붕어는 빨리 움직이지 못하고 뭉실거렸고, 등지느러미를 잘린 붕어는 수평을 유지하지 못하고 기우뚱거렸다. 설명과 관찰만으로는 분명하게 파악하기 어려운 지느러미의 미세한 역할을 보여주기 위한 방법이었다.

책을 읽었을 때 나도 나중에 교사가 되면 동료 국어 선생님들과 단원별로 교재 연구를 함께해보겠다고 마음먹었는데 정작 학교로 들어오자마자 까맣게 잊었다. 내가 그리던 평화롭고 여유 있는 학교가 아니었던 것이다. 얼마 전에 충남교육연구소의 복도에 꽂힌 책들을 훑어보다가 『나의 교단』을 발견했다. 이미 절판된 지 오래여서 구하기도 쉽지 않은 책인데 반가웠다. 누렇게 빛이 바랜 책장을 넘기면서 새삼 놀랐다. 사람 사는 곳은 다 비슷한 것인가. 교사가 되기 전엔 알지 못해서 무심하게 넘겼던 학교 현장의 모습이 눈에 선명하게 들어왔다.

영산인민학교의 교장 선생도 학교를 최우등 학교로 만들고 싶어 한다. 그는 학교를 부지런하게, 열정적으로 '관리'한다. 그에게 필요한 직원은 현 선생처럼 늦도록 수업 준비를 하며 노래를 흥얼거리는 교사가 아니라 아이들을 늦은 밤까지 학교에 잡아놓고 무섭게 다루며 복습을 시켜서 우수한 시험 성적을 만들어내는 정선옥 선생 같은 사람이다. 현인순 선생이 맡은 2학년 아이들은 천방지축이어서 45분을 수업하기가 쉽지 않다. 당연히 성적도 꼴찌에 가깝다. 더구나 그 아이들은 1학년 때 정선옥 선생의 반에서 꼼짝 못하고 눌려 있던 아이들이었다. 정선옥은 아이들을 적당히 다룰 줄 알았다. 정선옥에게 적응된 아이들은 현인순에게 와서 터진 물목처럼 제멋대로이다.

현인순이 근심하는 것은 등수 따위가 아니라 아이들의 실력이 나아지지 않는 것이었다. 퇴근이 늦는 딸을 마중 나온 어머니에게 인순은 자책에 젖어 말한다.

"어머니! 우리 학급이 실력 경쟁에서 또 뒤떨어졌어요. 선옥 선생이 맡았을 땐 그렇게 잘했는 걸……."

"잘하지 않구…… 그건 어쩌다 그랬냐……."

어머니가 대답하신다.

"잘해라, 남의 집 귀한 자식들을 맡아놓구. 학부형들이 마음을 놓고 아들, 딸을 맡길 수 있게 해야 한다."

나는 현인순 선생의 타고난 성품에 감동한다. 현인순은 밤늦게 아이들을 남기지도 않고 복습문제를 내주며 문제풀이 훈련을 시키지 않아 교장 선생에게 야단을 맞지만, 후회는 하지 않는 사람이다. 그러나 꼿꼿이 자기가 옳다고 생각하기보다는 늘 조심스러워한다. 교장 선생은 아이들을 최고의 학생으로 만들려고 밤낮없이 노력하는데 그의 기대에 부응하지 못하는 것을 진심으로 미안해한다. 정선옥은 아이들이 답을 외워 시험성적을 잘 받는다는 걸 알면서도 모른 체하는 교사인데 그런 짓을 꿈에도 상상할 수 없는 현인순은 그를 무한히 신뢰한다. 그런 사심 없음은 옳지 못한 것을 절대로 받아들이지 못하는 단호함과 성실함으로 이어진다. 현인순이 아이들을 잘 다루지 못하는 교사라는 평가를 받으며 교장 선생의 나무람과 학부모들의 근심을 받는 동안 아이들은 서서히 자기네 선생의 정성스럽고 예쁜 글씨체까지 닮아간다. 말썽쟁이 태일이는 공부가 뭔지 알게 되고 태일이의 아버지는 아들의 담임선생님이 고마워서 목수 도구들을 챙겨 들고 학교 문이 열리기 전 새벽에 가서 교실을 손질해준다.

소설 바깥세상은 어떤가. 고요한 바닷가의 국어 선생이었던 내 친구는 일에 치여서 약속시간에 맞춰 오지 못하는 때가 잦다. 아이들은 아침부터 밤까지 억지로 공부에 붙들려 있어야 하고 날이 갈수록 사납고 거칠어진다. 수업시수는 많아지고 교원의 수는 해마다 줄어든다. 소설 밖에서도 현인순의 삶이 가능할까? 교사가 평화로울 수 있을까? 권정생 선생님은 하느님이 우주를 창조한 이후 단 한 번도 평화는 없었다고, 고통을 나누며 함께 살아가는 괴로운 세상의 이름이 평화라고 하셨다. 야누쉬 코르착이 왜 교사를 가리켜 '슬픔을 아는 사람'이라고 표현했는지 이해가 된다.

중요한 것은 불평하는 것이 아니라 '슬퍼하는 것'이다. 아이가 삐뚤어진 길을 걸어와서 그렇게 고독한 모습으로 되었다는 사실에 대한 슬픔 말이다. 화를 내지 말고 슬퍼하라. 복수가 아니라 연민의 정을 가지는 것이다. 교사는 '슬픔을 아는 사람'이라는 말이다. 그런 사람은 적어도 당면한 교육의 현실을 적절한 의도와 노력을 통해서 정복하고 승리를 구가하는 자는 아니다. 오히려 최선의 의도와 노력이 난파를 당할 수 있음을 아는 것이 중요하다. 좋은 교사란 이러한 상황을 온몸으로 짊어질 수 있는 자이다.

나의 교실이 조용하지만 뜨거운 열정을 품은 현인순 선생의 살아 있는 교실을 닮길 바랐다. 그러나 미쳐가는 대한민국의 교실이고 자식의 미래에 대한 불안함을 떨칠 수 없는 학부모님들의 교실이며 다른 학교들과의 성적경쟁에서 자유롭지 못한 학교의 교실이 마음껏 교사 개인의 가치관을 실현하는 '나의 교실'이 될 수만은 없다. 힘이 들 때마다 그의 글을 떠올린다. 고통을 나누며 함께 살아가는 괴로운 세상이 나의 교실이라고 마음을 다잡는다.

# 지금은 조금 흔들려도 괜찮아

### 어떤 놈이 뭐래요?

십여 년 전 나는 충남 천안의 시골에 살았습니다. 우리 마을엔 축사를 고쳐서 세운 조그만 교회가 있었습니다. 어느 날 시내에 나갔다가 교통경찰에게 주정차 위반 딱지를 떼었어요. 도로에 차를 세워두고 잠깐 볼일을 보고 온 사이 일어난 일입니다. 시골에 살아서 그런지 마을을 벗어나 복잡한 시내에 나갔다 오면 속도 위반, 신호 위반, 주정차 위반, 골고루 범칙금과 과태료 통지서가 날아오는 일이 적지 않았기 때문에 크게 놀랄 일은 아니었습니다. 우리 동네에는 신호등도 없을 뿐만 아니라 면사무소 마당, 가게 앞, 길가, 아무 데나 차를 세워도 괜찮거든요. 그런데 그날은 집으로 돌아오는데 자꾸 뭔가가 꾸역꾸역 치밀어 오르는 것이었어요. 길가 한적한 곳에 차를 세웠습니다. 안전벨트를 풀고 의자 등받이를 뒤로 젖히자 저 속에 웅덩이가 찰랑이며 고여 있던 것처럼, 거기에 펌프질을 하는 것처럼 갑자기 눈물이 솟아올라 왔어요. 내가 가르치는 아이들이 함께 사는 동네에서, 언제 학부모님들이 지나갈지 알 수 없는 거리에서 걷잡을 수 없이 울음이 터져 나왔습니다. 이유를 알 수가 없었어요. 과태료 때문에? 그건 아니었어요. 아마 나는 갑자기 세상이 낯설고 외로웠던 모양입니다. 그동안 울지를 못해서 체했던가 봅니다. 주정차 위반 딱지가 마중물처럼 목구멍에 들이부어진 것 같았습니다.

격정의 시간이 지나고 나서 눈물을 닦고 한참 바람을 쐬었습니다. 물도 한 모금 미시고 화장도 고쳤습니다. 심호흡을 하고 시간을 조금 더 보냈습니다. 그런 뒤에 아무렇지도 않은 얼굴로 교회로 갔습니다. 교회 마당에 들어설 땐 나는 다시 평소의 내가 되어 있었습니다.

목사님과 사모님은 내 또래입니다. 지나다가 들러 차도 나누고 밥상이 차려져 있으면 수저 하나 더 놓고 같이 먹는 사이입니다. 평소대로 사모님이 부엌일하는 것도 거들고 빨래도 개면서 이런저런 이야기를 나누는데 사모님이 물어보았습니다.

"선생님, 무슨 일 있어요?"

"아니, 왜요? 아무 일도 없는데요."

사모님은 야무진 음성으로 또 물어왔습니다.

"어떤 놈이 뭐래요? 누구예요? 가만 안 둘 테니."

나는 그만 웃음을 터뜨렸습니다. 가슴이 시원하게 걷히는 것 같았어요. 그가 드러내지 않는 내 마음을 읽듯, 나도 그 말 한마디에 담긴 무한한 것을 바라본 것입니다. 평소에도 그랬습니다. 이러이러한 일로 속상하다고 털어놓으면 나보다 더 열렬하게, 사정없이, 사모님답지 않게 욕을 시원하게 해줘서 속이 펑 뚫린 나는 내가 욕하는 이에게 정말 미안해지고, 악역을 맡아준 사모님과 깔깔거리고 웃으며 다시 세상과 따뜻한 관계를 이어갈 힘을 회복합니다.

어른도, 선생도 그럴 때가 있습니다. 학생들이 아픈 것처럼 선생도 아픕니다. 학생들이 감기에 걸리는 것처럼 선생도 감기에 걸리고, 겹겹이 늘어선 각종 시험을 거쳐 통과해야 하는 세상에 대해 막막한 학생들처럼 선생도 때때로 어깨에 얹힌 세상이 무겁습니다. 아무것도 아닌 걸 핑계 삼아 큰일이 난 것처럼 울 수도 있습니다. 어떤 놈이 뭐라 하지 않아도요.

나란히 앉아 교회의 흙벽을 한지로 도배하면서 사모님이 푸념합니다.

"제가 어릴 때부터 조그맣고 약해서 우리 엄마가 걱정하셨어요. 나중에 시집가서 어떻게 살림을 할지 걱정이라고요. 그때 우리 작은 어머니가 그러셨대요. '걱정 마세요, 형님. 애경이는 '사' 자字 들어가는 신랑 만나 손가락에서 물 튕겨가며 살 거예요.' 그 많은 사 자 중에 하필 목사를 만나가지고 물을 튀기기는커녕 이렇게 풀까지 발라가면서 살 줄 누가 알았겠어요?"

그러면서 손가락에 엉겨 붙은 풀을 벽에 획획 뿌리는 걸 보면 나는 배꼽이 끊어질 것 같습니다. 사모님도 웃고 목사님도 웃습니다. 목사 중에서도 하필이면 시골 교회 목사인 그는 잔잔하고 깊은 사람입니다. 목사이면서 농부이고, 손수 나무를 깎고 흙벽돌을 찍어서 예배당을 짓는 목수이기도 합니다. 시골 교회 목사님들은 대부분 마을의 심부름꾼이기도 하지요. 형광등을 갈아주어야 할 때도, 보일러가 고장이 나도, 병원에 가야 할 때도, 동네 할머님들은 목사님을 찾습니다. 동원이 할머님이 절에 가시느라 길에 서서 하루에 몇 대 들어오지 않는 버스를 기다리고 계시면 절에까지 모셔다 드리기도 했습니다.

저를 교회로 데려온 건 할머니 손에서 자라는 동원이입니다. 동원이는 학교에 오면 제가 다니는 교회 이야기를 내게 끝없이 들려주었고, 학교에서 돌아와 교회에 책가방을 벗어놓기 바쁘게 국어 선생인 저의 이야기를 시작했다고 합니다. 동원이는 말이 많습니다. 사모님은 궁금하셨다고 해요.

"네 이야길 그렇게 다 들어주는 선생님이 도대체 누굴까?"

어느 날 동원이가 두 분의 편지와 농사지은 밀가루, 참기름을 한 병 들고 와 전해주었습니다. 편지엔 그분들이 시골에서 목회를 하며 사는 이야기와 동원이를 사랑해주셔서 고맙다는 인사, 그리고 저녁 식사에 초대하고 싶다는 내용이 적혀 있었습니다.

십 년이 지난 지금도 우리의 첫 만남이 어제 일처럼 기억납니다. 하얀 고무신을 신은 두 사람이 반가이 우리 식구들을 맞아주었습니다. 마당은 깨끗이 비질이 되어 있고, 농기구는 가지런히 정돈되어 있었습니다. 말수가 많지 않으면서도 유쾌하고 밝은 사람들이었습니다. 마당의 화덕 앞에서 구들돌에 삼겹살을 구워 저녁을 먹었습니다. 마치 오래된 벗을 만난 듯 낯설지 않고 정다웠습니다. 무엇보다도 학교가 끝나면 교회로 와서 해가 저문 뒤에야 집으로 돌아간다는 동원이의 모습이 학교에서 보는 것과 너무나 달라서 놀랐습니다. 학교에선 존재가 드러나지 않는 녀석이지요. 한글도 깨치지 못했고 당연히 또래 집단에서 소외되어 있습니다. 싱글벙글 웃으면서 닭장에서 계란을 거두어 포장하는 동원이의 표정은 자신감에 차 있고 눈에서 빛이 났습니다. 그것만으로도 목사님과 사모님이 어떤 사람들인지 짐작할 수 있었습니다. 우리는 늦도록 화덕 앞에서 이야기를 나누었고 그날 이후 함께 긴 시간을 쌓아갔습니다.

몸도 마음도 으슬거리며 춥던 어느 날 (그러고 보니 30대 중반 그때가 내게는 뒤늦은 질풍노도의 시기였나 봅니다) 목사님은 별말도 없이 방에 군불을 때주면서 자고 가라고 했습니다. 웃풍이 살짝 있는 그 뜨끈한 방에서 내 영혼은 몸살을 마음 놓고 앓고 일어났습니다. 며칠 뒤 교회에 갔을 때 목사님의 네 살 먹은 막내딸 효비가 물었습니다.

"선생님, 이제 다 나았어요?"

무슨 소린가, 하다가 어린 것의 그 섬세한 기억이 코끝을 찡하게 해서 효비를 꼭 안고 다 나았다고 말해주었습니다.

"다 나았어. 이제 괜찮아."

사람은 누구나 어떤 사람인가를 마음속에 안고 그의 모습을 닮아가면서, 충돌을 겪기도 하면서 완성되어 간다고 생각합니다. 돌아보면 삶의 마디마다 품었던 이가 누구였는가에 따라 내가 서 있는 곳의 좌표가 그려지곤 했습니다. 서른 살 언저리 나의 나이테가 되어준 이들은 그 시골 교회의 목사님 부부였습니다. 걸음을 나란히 해준 친구이면서 스승이었습니다.

선생님이라 불리는 이들은 흔들림이 없는 줄 알았습니다. 잘못 가지 않는 줄 알았습니다. 그러나 선생이 된 이후에도 여전히 나는 길을 묻습니다. 내가 가는 이 길이 맞는가, 의심합니다. 나처럼 흔들리는 아이들을 바라봅니다. 다가가서 내 곁에 있는 벗들과 스승들을 만나게 해주고 싶습니다. 의지가 약해지고 열정이 식을 때 나는 어떻게 했는가 말해주고 싶습니다.

나는 스승을 바라보았습니다. 스승의 좌표를 확인하고 다시 마음을 추슬러 방향을 잡곤 했습니다. 지금 네가 흔들리는 것은 누군가의 중심이 되어주기 위한 것이라고 스승들은 가르쳐주셨습니다. 배운 대로 전해주어야겠지요. 방황해보지 않고서야 있어야 할 자리를 어떻게 찾겠느냐고, 앓아보지 않고 다른 사람의 몸살을 어찌 읽겠느냐고, 너의 약함은 너와 너의 벗들을 위하여 꼭 필요한 것이다, 그러니 지금은 조금 흔들려도 괜찮다, 하고요.

"다 나았어요. 이제 괜찮아요."

아이들도 내게 그렇게 말할 때가 있겠지요. 우린 그때 한 걸음 자라 있을 것입니다.

## 고추밭에서 받은 칭찬

아이들과 함께 몸을 써서 무언가를 할 때, 나는 가장 행복합니다. 한 달에 한 번 전일제로 운영되는 계발활동 시간에 학생들과 교회에 와서 일해도 좋겠냐고 여쭈었습니다. 목사님이 그러라고 하셨습니다. 토요일이 되면 우린 교회 마당에 모여서 트럭을 타고 산밭으로 달려갔습니다. 목사님의 트럭은 90도로 꺾인 논두렁길도 아무렇지도 않게 획 돌아갑니다. 짐칸에 올라앉아 휘늘어진 나뭇가지에 뺨을 맞으면서도 아무도 차 안으로 들어가려고 하지 않습니다. 덜커덩 덜커덩 휘청거리며 산비탈을 오르는 트럭을 타고 소리소리 지르면서 떠들어대는 게 얼마나 재밌는지 안 타본 사람은 모릅니다.

산밭에는 세숫대야만 한 누렁호박들이 늙어가고 있었습니다. 호박을 거두어 트럭에 차곡차곡 쌓아올렸습니다. 호박이 짐칸을 가득 채우자 녀석들은 누가 먼저랄 것도 없이 손가락을 권총처럼 치켜세우고 트럭 주위에 달라붙어 경호원의 포즈를 취했습니다. 목사님도 재치 있게 트럭을 천천히 몰고 가시고 녀석들은 호박을 경호하면서 따라갑니다. 일을 좋아하는 아이는 아마 드물겠지요. 혼자 하면 힘이 들 텐데 이렇게 토요일에 친구들과 함께 놀면서 일할 때는 끝없이 재잘거리고 웃어댑니다. 일하다 말고 밭을 강아지처럼 뒹굴면서 장난을 쳐도 아무도 뭐라 하지 않습니다. 일꾼으로 대접받으면서 새참도 먹습니다.

　목사님은 우리를 위해 힘들지 않게 일할 만큼의 일을 남겨두곤 하
셨습니다. 고구마도 캐고 마른 수숫대도 거두었습니다. 일을 마치고
돌아오면 사모님은 은행나무 아래 멍석을 깔고 점심을 차려주셨습
니다. 농사를 엄청 많이 지으면 참 힘들겠지요. 나는 우리 아이들이
나중에 커서 무슨 일을 하든지 계발활동을 하는 토요일처럼 웃으면
서 재밌게 일할 만큼의 논과 밭을 가졌으면 좋겠습니다. 목사님처럼
이웃 할머님들 일을 돕는 걸 당연하게 아는 젊은이로 성장했으면 좋
겠습니다. 농약 대신 우렁이나 오리를 논에 키울 줄 알았으면 좋겠습
니다. 마을 학교에 있는 학생들에게 이런 토요일을 내주는 사람들이
되었으면 좋겠습니다. 그리고 또 봄과 여름과 가을과 겨울의 들녘을

아는 시인과 화가와 음악가도 나왔으면 좋겠습니다. 시인과 화가와 음악가가 아니더라도 시를 읽고 그림을 볼 줄 알고 음악을 즐겨 듣는 사람들로 살아간다면 더욱 좋겠습니다.

밭에서 붉은 고추를 따던 날, 관옥 이현주 목사님이 전화를 주셨습니다. 무슨 일이실까? 목사님이 나의 긴장을 읽으셨는지 "그냥 했어요." 하셨습니다. 그리고 내가 어느 잡지에 연재하고 있는 「교단일기」를 칭찬하셨습니다.

"참 좋아요. 잘 읽고 있어요."

그렇게 몸 둘 바를 몰라보기가 처음이었어요. 목사님의 칭찬을 받은 기쁨과 그러나 칭찬받을 만하지 않다는 부끄러움으로 더듬거리면서 이렇게 되풀이했어요.

"아니에요. 아이고, 아니에요."

"아, 누가 칭찬하면 그런가 보다 하고 그냥 놔둬요. 그 사람 생각이니까. 잘난 척할 것도 없고 아니라고 할 것도 없고."

그 말씀을 듣자 휴대폰을 들고 고추밭에서 어쩔 줄 몰라 하던 마음이 조용해졌습니다. 목사님은 강의를 하시든, 글을 쓰시든, 당신이 한다고 생각하지 않는 분입니다. 바람과 연주자 없이 피리가 저 혼자 소리를 낼 수 없듯이 혼자만의 힘으로 무언가를 할 수 있는 존재는 이 세상에 없다고 말씀하셨거든요. 목사님의 칭찬을 받고 흥분해서 어쩔 줄 몰라 한 건 '내가 썼다'라는 생각 때문이었지요.

저 아이들이 없다면, 단비교회 목사님이 밭을 내주지 않았다면, 아이들과 즐겁게 놀아주시고 일을 가르쳐주시지 않았다면, 하늘이 쾌청한 날씨를 허락해주지 않았다면 이렇게 행복한 토요일을 누릴 수 있을까? 그러므로 혼자 한 일이 하나도 없는데 오늘 하루가 담긴 글을 '내가' 썼다고 할 수 있을까? 일하는 것보다 웃고 떠드는 때가 더 많은 아이들 속에서 시종일관 훈훈한 웃음을 머금고 있는 목사님을 바라봅니다.

'스승들이 계시지 않다면 내 생이 얼마나 가난할 것인가.'

학교에 돌아가면 고추를 따면서 내가 무슨 전화를 받았는지 아이들에게 자랑하게 될 것입니다. 무얼 배웠는지도요. 앞으로 혹시 관옥 목사님께 다시 칭찬을 받게 된다면, 그땐 가만히 있으리라고 다짐합니다. 아마 잘 안 될 것 같지만.


## 목소리가 들릴 만큼 가까이에서

우리 동네 아이들을 길에서 만날 때 얼마나 반가운지 모릅니다. 학교에서 놈들이 말썽을 피우면 선생의 입장이 아니라 옆집 아줌마 같은 마음이 되어 안절부절못합니다. 하루는 아랫집 지영이가 제 또래 친구들과 함께 아파트 지하 주차장으로 후배들을 불러 슬리퍼로 얼굴을 때리며 '교육'을 했습니다. 남녀공학에서 여학생들이 남자 선배들과 지나치게 친하면 여자 선배들이 가만두지 않습니다. 꼬리를 쳤다는 것이지요. 지영이 아빠가 학교로 불려왔습니다. 아랫집 아저씨께서 화가 난 담임선생님 앞에 앉아 계시니 몸 둘 바를 모르겠더군요.

"한두 번이어야지요, 전학을 시키시는 게 좋겠어요."

지영이 아빠는 눈도 끔쩍 않고 평소의 말투대로 느릿느릿 대답했습니다.

"전학은 뭘, 거기 간다고 애가 달라지겠습니까? 아주 짤라버리슈. 학교 다니면 뭘 혀. 맨 못된 짓이나 배우는 걸."

담임선생님은 말을 잇지 못했습니다. 퇴근하다 만난 기수 아빠에게 지영이 아빠가 학교에 오셨던 일에 대해 이야기했더니 기수 아빠가 빙그레 웃으셨습니다.

"그게 우리 농민덜이 관에 가서 기 안 죽으려고 쓰는 방법이에요."

큰소리를 탕탕 쳐야 공무원들이 깔보지 않고 일이 수월하게 된다는 거예요. 지영이 아빠는 말도 표정도 없고 얼굴은 시커멓습니다. 지나다 보면 목에 엄청 굵은 금목걸이를 하고 웃통을 벗어부친 채 마당에서 장작을 팹니다. 세상을 다 뽀개버릴 기세입니다. 그런 지영이 아빠도 딸내미가 다니는 학교는 '관'으로 느껴졌나 봅니다. 나도 '관'에 속한 선생이지만 퇴근하면 이웃집 사람이라서 마을회관에서 개장국을 끓일 때도 끼워주시고 동네 아저씨의 생신 날 동네 사람들이 모여 만두를 빚어 먹을 때도 초대를 받습니다. 노래 못해도 괜찮다고 노래방에 갈 때도 데리고 가십니다. 그렇게 지낸 우리들의 이야기가 책으로 묶여 나왔을 땐 동네잔치를 해주셨습니다. 아직 밤바람이 찬 3월에 교회마당에서 아이들과 동네 어른들과 학교 선생님들과 친구들이 어울려 북적이며 놀았습니다. 사회자가 아이들에게 마이크를 들려주며 선생님이 어떤 분이냐고 물었습니다.

"천사 아니에요. 화나면 무서워요. 저도 엄청 맞았어요."

정말 창피했습니다. 어이구, 미리 교육을 시키는 건데.

십 년 전 그때처럼 내가 가르치는 아이들과 한동네에서 살 수 있는 날이 또 오겠지요. 집에 있으면 옆집 미경이가 엄마한테 야단맞는 소리가 종종 들려왔습니다. 풀이 죽어 심부름 가는 미경이에게 왜 야단맞았느냐고 물어보았더니 동생들이 방을 안 치웠는데 언니라는 이유로 야단맞았다고 투덜거렸습니다.

"나도 언니라서 엄마한테 맨날 혼났어. 언니가 무슨 죄니?"

"선생님은 동생이 몇 명인데요?"

"네 명."

"힘드셨겠다."

얘기하다 보면 속상한 것을 잊기도 해요. 목소리가 들릴 만큼 가까이에서 그렇게 살고 싶습니다. 아이들이 기운 없어 보일 때 편을 들어주겠습니다.

"왜, 어떤 놈이 뭐래? 누구야? 가만 안 둘 거야."

괜찮다고, 우리에게 오는 모든 일은 알고 보면 다 좋은 일이라고, 너 혼자 겪는 게 아니라 우리가 자라기 위하여 함께 맞이하는 일이라고, 알려주고 싶습니다.

## 바로 지금이야

천안을 떠나 청양으로 온 첫봄, 장곡사 가는 길로 빙 돌아 퇴근을 했습니다. 꽃이 핀 지 제법 되었는데 아직도 흰 벚꽃이 구름처럼 피어 있더군요.

"지금, 바로 여기."

장곡사 가는 길의 벚꽃 터널이 내게 준 말입니다. 차를 세우고 내려서 꽃잎이 날리는 나무 아래 서보았습니다. 그 순간 온전하고 눈부셨습니다. 바쁜 일을 다 마치지 못해서, 함께 보고 싶은 사람들이 아직 오지 않아서, 늘 지나치곤 했어요. 그러는 사이, 꽃이 지고 속잎이 피어나고 차창 밖으로 아름다운 순간들이 흘러갔습니다. 마음먹고 차를 세웠습니다. 향긋한 꽃내음을 들이마셨습니다. 하늘도 보고 산등성이도 바라보았습니다. 오랜만에 온전히 존재하는 느낌이었습니다. 그리 많은 시간이 필요한 건 아니었어요. 모든 게 다 갖춰져야 누릴 수 있는 것도, 목적지에 도착해야만 얻을 수 있는 것도 아니었습니다. 아름다운 존재감, 합일의 느낌은 가는 길에, 한순간의 마음에 있었습니다.

우리 아이들에겐 공주고등학교, 공주대 부속 고등학교, 홍성고등학교 등등 목표하는 학교가 있습니다. 고등학생이 되면 대학이 목표지점을 차지하겠지요. 그다음엔 취직, 그다음엔 집 장만, 그다음엔…… 그들의 선생인 나는 그곳 역시 도달해야 할 곳이 아니라 과정일 뿐이라고 말합니다. 생을 채우고 있는 건 한순간, 한순간의 과정이므로 지금 이 자리가 아름답고 행복해야 한다고 말합니다.

우리 아이들이 가장 좋아하는 국어수업은 도서실에 와서 자기가 읽고 싶은 책을 마음껏 읽는 것입니다. 서운하기도 합니다. 아무리 자료를 열심히 준비하고 재미있게 한 시간을 보내도, 그래도 가장 좋은 건 도서실에 가는 것이랍니다. 도서실에 와서 『만화 삼국지』, 『야한 질문 쿨한 대답』, 『맨발의 겐』, 『식객』, 『먼 나라 이웃 나라』, 『코난』, 『원피스』, 주로 만화책에 코를 박고 숨소리도 안 냅니다. 그 속에 섞여 있으면 잠이 솔솔 옵니다. 눈꺼풀이 무거워지고 아이들의 키득거리는 얼굴, 옆에서 누가 말을 걸어도 모를 만큼 열중해 있는 모습이 가물가물해지면서 '아, 참 행복하다.' 하는 생각이 스쳐갑니다. 17년이나 국어를 가르쳐왔는데 선생으로서 뭔가를 하는 수업보다 아무것도 안 하는 수업을 더 즐거워하다니 선생의 존재는 작아질수록, 차지하고 있는 자리가 좁을수록 더 좋은 것 아닌가 싶네요.

궁금하고 기대가 됩니다. 꽃도 보고 책도 읽고 사랑도 하고 싸움도 하고 어울려 살아가는 나의 평범한 하루하루가 어떤 곳으로 나를, 내 곁에 있는 이 아이들을 이끌어줄지.

# 선생님, 그리고 벗들과 보낸 하루

슬빈이는 내가 졸업한 대학에서 영문학을 공부하는 학생인데 채 선생님의 교양 강의를 듣게 된 인연으로 나와도 알게 되었다. 대학 시절의 원미연처럼 언제나 강의실 맨 앞에 앉아 한마디도 놓치지 않으려는 듯 눈빛이 진지한 아이가 있다면서 슬빈이를 만나보라고 재촉하셨다. 원미연 닮은 아이를 원미연에게 만나라고 하시지 않고 기어이 나를 보내시는 이유가 뭐람. 투덜거리다 말고 혼자 웃었다. 선생님이 미연언니한테 전화하셔서 꼭 너처럼 생긴 아이가 있으니 한번 만나보라고 하신다면 미연언니가 뭐라고 대답했을까? '뭐, 굳이 찾아가지 않아도 만나야 할 인연이면 만나지겠지요.' 선생님은 이제 당신이 늙고 기운이 빠졌다고 늬덜이 슬빈이를 이끌고 다니면서 가르치라고 하셨다. '제가 가르칠 게 뭐가 있겠어요? 배움이 필요하면 스스로 찾게 되겠지요.' 미연언니가 하지도 않은 말을 혼자 상상하여 전적으로 동감하면서도 미연언니를 닮았다는 그 아이에게 호감이 가고 어떤 아이이기에 선생님이 그리도 챙기실까 궁금하기도 했다.

졸업한 지 오랜 모교의 연못가에서 후배를 기다렸다. 묘목이었던 나무들이 사범대학 앞에 울창했다. 선생님께 강의를 듣던 대학 시절에 지금의 나처럼 선생님의 부름을 받고 시 쓰는 이강산 선배님이 우리를 찾아왔었다. 선배는 학교 앞 포장마차에서 우리에게 술을 사줬고 그때부터 일주일에 한 번씩 시와 소설을 들고 두부 두루치기집 같은 데서 만났다. 선배가 찾아오는 날은 우리에게 특별한 날이었다. 선배도 가난한 집의 장남이고 혼자 벌어 부모님 모시고 대가족 살림을 하는 사람이라서 넉넉하지 않았다. 하지만, 술값 밥값을 낼 수 있는 사람은 선배뿐이었다. 그는 한 번도 거르지 않고 나타나 열정적으로 후배들의 작품을 뜯어봐주었다. 시간이 흘러 선배와 동인 활동을 할 만큼 후배들이 성장하고 선배는 어느덧 벗이 되었다. 선배가 우리와 나눈 것은 가녀린 묘목이 울창한 숲을 이룰 만큼의 시간이었다. 선생님은 이제 우리에게 슬빈이라는 아이와 그 시간을 나누라고 하시는 것이다.

저만치서 자그마한 여학생이 플레어스커트를 나풀거리며 뛰어오는 게 보였다. 느낌이 왔다. 저 아이구나. 곧장 다가온 여학생이 공손하게 인사하면서 학부모님들이 학교 오실 때 들고 오는 주스 상자를 내밀었다.

"저, 뭘 살지 몰라서요⋯⋯."

얼굴도 모르는 선배를 만나기 위해 마음을 쓴 것이다. 학교 앞 찻집에 가서 이야기를 나누었다. 고향은 삼척이고 기숙사 생활을 하고 있다고 했다. 여고생처럼 단정한 단발머리에 온순하고 총명해 보였고 목소리가 조용조용하고 조심스러우면서도 분명했다. 과장이 없고 지나치게 겸손하지도 않았다. 선생님이 강의 중에 언급하시는 책은 도서관에서 빌리거나 사서 꼭 읽어보는 눈치였다. 한마디로 요즘 아이 같지 않았다. 내 마음에도 슬빈이가 예뻐서 전화 통화도 하고 만나기도 하면서 지내왔다.

오늘이 스승의 날이라서 선생님과 사모님 모시고 저녁을 먹기로 했다. 옥주가 공주에 집을 짓고 이사했기 때문에 선생님께 보여드릴 겸 옥주네서 모이기로 했다. 선이는 서울에 일이 있어서 오지 못했고 미연언니가 집에서 돌미나리를 뜯어 와서 무쳤다. 머위나물도 하고 생선 굽고 전도 부치고 정성껏 저녁을 지었다. 슬빈이도 불렀다. 옥주가 미국에 가서 공부하는 중에 헌책방에서 선생님이 공부하고 싶어 하시는 라틴어 문법을 비롯하여 몇 권의 책을 사서 보내드렸고 선생님은 그 중의 한 권을 슬빈이에게 주었다. 슬빈이는 방학 때 삼척 집에 가지 않고 대전에 머무르면서 토익을 공부할 예정이었다. 그런데 선생님이 부모님 곁으로 가라고 권유하셨다. 나무 그늘 아래 평상에 엎드려서 옆에 사전 놓고 매미울음 소리 들으면서 그 책 한 권을 번역해 오면 토익 시험 보는 것보다 훨씬 낫다고. 방학이 되자 슬빈이는 정말 선생님이 주신 책을 가지고 고향으로 갔다. 그 애가 번역한 원고를 가지고 돌아오면 우리 집에서 며칠 합숙하면서 옥주가 드나들며 잘못된 곳을 바로잡아주고 나는 문장을 다듬으라고 하셨다. 선생님이 말씀하시는 걸 들으면 웃음부터 난다. 참, 선생님도. 원문을 모르는데 어떻게 문장을 다듬으라는 말씀이신지. 나로서는 능력도 안 될 뿐더러 복잡한 일정을 조정하고 큰맘을 먹어야 하는 일인데 선생님은 아무것도 아닌 일처럼 말씀하시는 것이다. 그래, 그보다 좋은 일이 어디 있겠나, 내가 뭐 그리 대단한 일을 하면서 사는 사람이라고 후배가 애써 번역해 온 원고를 읽는 시간을 못 내랴, 내가 도와줄 수 있는 것도 아니고 결국 선생님이 봐주셔야 할 일이니 선생님께서 원하시는 건 선 후배가 어울려 서먹함을 털고 공부하는 평생지기가 되라는 것일 게다. 달력을 넘기면서 일정을 조정해보면 무리한 일이라 생각되던 일을 할 수 있는 시간이 그런대로 또 생겨나는 것이다.

저녁 먹고 나서 슬빈이 데리고 옥주네 집 앞 긴 방죽으로 산책을 나갔다. 과제가 만만치 않았던지 슬빈이가 방학 동안 번역을 다 끝내지 못해 합숙은 이루어지지 않았다. 마음먹고 며칠 몰입하여 해보면 어떻겠냐고 했더니,

"네, 그런데 계속 시험이 있고 졸업논문을 쓰고 있어서 번역에만 매달리기가 쉽지 않아요."

하고 대답했다. '할 일이 너무 많고 시간은 부족하고 도저히 못하겠

어요'라고 말하는 것과 내용은 비슷하지만, 문제를 대하는 태도가 다른 것 같은 느낌을 주는 말이었다. 선생님께서 예뻐하실 만하다. 방죽에서 바라보니 옥주네 집 창문이 환했다. 설거지를 끝내고 아마 차를 냈을 것이다. 스무 살부터 지금까지 20년이 넘는 시간을 만나 온 친구들. 친구들 때문에 속상한 적이 한 번도 없었다. 친구들이 좋은 선생이어서 선생으로서 나의 모습을 가다듬고자 했고 친구들이 늘 공부하는 사람들이어서 나도 미흡하지만 공부하는 마음을 놓지 않았다. 이런 벗들을 만나게 해준 선생님이 지금 저기에서 함께 차를 들고 계시는구나. 안다는 건, 관계한다는 건, 긴 호흡을 가진 말이다. 슬빈이를 만나러 갈 마음이 생긴 것은 미연언니 말대로 만나야 할 인연이어서일 것 같다. 지금부터 또 한 이십 년 흐르면 우리는 얼마만큼 성장해 있을까? 이것은 시간이 준 선물이다. 하루에도 얼마나 많은 일이 오가는지, 얼마나 많은 감정이 일어났다가 사라지는지, 그 속에서 마음이 주저앉는 때가 왜 없으랴. 지금 내 모습은 갈팡질팡하고 있더라도 내일은 다르리라고 믿어지는 것, 스승과 벗들의 격려 속에서 살아온 시간의 힘이다.

# 개학을 앞두고

찻길에서 교회마당으로 이어지는 조붓한 오솔길에 들어서면 숨이 편안해진다. 큰길에서부터 마당까지는 내 걸음으로 200보 남짓. 길 양옆으로는 푸르른 잣나무가 늘어서 있다. 마당에 들어서면 잣나무에 가려 있던 교회의 기와지붕과 목사님이 하나하나 짜 맞추고 있는 섬세한 나무 창살이 한눈에 들어온다. 예배당에 이르기 전의 오솔길은 언제나 숨을 고르고 마음을 가다듬는 시간을 준다. 교회가 언덕 높은 곳에 우뚝 서 있지 않아서 좋다. 먼 곳에서도 한눈에 알아볼 수 있을 만큼 웅장하게 버티고 서 있지 않아서 좋고 잣나무 뒤로 듬직하게 물러앉아 있는 것도 좋다.

교회는 아주 천천히 완성되어가고 있다. 어느 큰 교회에서 한 번에 공사를 끝낼 수 있을 만큼의 물질적인 지원을 하겠다고 했을 때 목사님의 어린 아들이 반대했었다. 공동체를 위한 교회니까 누군가의 큰돈으로 단번에 짓지 말고 여러 사람의 정성이 모이는 만큼씩만 천천히 짓자는 것이다. 아빠가 살아 있는 동안 다 짓지 못하면 자기가 이어받고 제가 다 못 끝내면 저의 자식이 이어갈 것이라고. 그때 그 아이는 중학생이었다.

지난번에 왔을 때는 산수유꽃이 햇살보다 환한 봄이었다. 지금은 간밤에 내린 비로 길옆 도랑물이 시원하게 흘러가는 여름이다. 무더위 속에서도 마당 한가운데 드리운 은행나무 그늘은 서늘하다. 돌아갈 땐 곧 되짚어 오게 될 것 같은데 정신없이 살다 보면 그게 그렇지가 않다. 다시 올 땐 아마도 은행잎이 마당을 온통 노란빛으로 물들이고 있을지도 모른다. 봄에 와서 보고, 여름에 다시 와서 보아도 교회는 그냥 그 모습인 것 같다. 진척이 없어 보인다. 그러나 자세히 보면 정성스럽고 섬세한 손길의 쉼 없는 흔적이 보인다. 교회에 바짝 붙어 서 있던 엄나무가 마당 쪽으로 한 걸음 옮겨 심어져 있다. 눈에 띄게 멋진 나무라서가 아니라 나무가 살아온 긴 시간을 소중하게 생각한 것이다. 목사님이 농사짓는 틈틈이 짜는 창문도 한 개 두 개 늘어난다.

목사님은 논둑의 풀을 깎으러 나가시고 사모님과 나는 팥과 쥐눈이콩을 멍석에 널어 말렸다. 여름이 되어 벌레가 생긴 현미는 잘 씻고 불려서 방앗간에 가져가 가래떡을 해왔다. 금방 빼 온 가래떡은 따끈하고 쫄깃쫄깃했다. 팔월의 뜨거운 햇살에 바삭바삭 마른 빨래를 걷어 개는 동안 사모님은 콩을 삶아서 시원한 콩국수를 만들었다. 콩 한 알을 건져 입에 넣어주면서 먹어보라고 하신다.

"익었지요?"

"아니, 좀 설겅거리는 것 같은데요?"

"비린내 나요?"

"아뇨, 맛은 고소해요."

"예, 그럼 익은 거예요."

그렇구나. 내 안에 즐거운 배움이 일어나고 있다고 느낄 때 가장 기분이 좋다. 사모님은 직접 몸과 손을 움직일 때의 세밀한 즐거움을 나눠준다. 가난한 목사님이 엄나무를 베어버리지 않기 위해 굴삭기와 기중기를 불러 돈을 들인 것이 내 가슴에 시원한 바람 한 줄기 불게 한다. 당장 눈앞에서 결과를 보려고 무리하지 않는 교회의 느릿느릿한 속도가 미덥다. 개학하고 학교에 돌아가면 나는 아이들에게 엄나무가 이사한 이야기를 할 것이다. 교회 처마 아래 집을 짓는 새들에 대해 이야기할 것이고 언제 끝이 날지 알 수 없는 집짓기의 하루하루가 완성보다 아름답다고 말할 것이다.

한 걸음 가까이 다가가면 보인다. 다른 사람의 삶을 격려하고 확장하며 위로와 기쁨을 주는 곳에는 남들이 모르는 고독함이 있다. 멍석에 앉아 벌레 먹은 팥알을 골라내는 사모님과 나를 보면서 목사님이 웃음을 머금고 말씀하셨다.

"이렇게 같은 또래가 이웃에 살면 기분이 어떨까? 신기할 것 같아."

마음을 터놓고 긴장을 풀 수 있는 동무가 얼마나 좋은 것인가. 그러나 시골엔 젊은이들이 남아 있지 않아 그들은 청년 시절부터 할머니 할아버지들을 벗하여 살아왔다. 미안하고 마음 한구석이 짠했다. 이 조그만 시골교회에 많은 사람이 찾아와 힘을 얻고 자신의 일터로 돌아갔다. 찾아오고 떠나가는 사람들은 많아도 오래오래 곁에 머물러 힘이 되어주면서 자신의 삶을 이곳에 뿌리내리는 이들은 적었다. 한동안 동고동락하던 이들을 떠나보내고 애달파하는 사모님의 모습을 본 적이 종종 있다.

나는 그들을 스승으로 여긴다. 어느 때는 기꺼이, 어느 때는 가까스로 감내하는 그들의 어려움을 고맙고 소중하게 생각한다. 그리고 자신에게 이른다. 저들처럼 자신을 외롭게 버텨 세울 수 있는 사람이 남과 더불어 나눌 것들도 깊은 법이라고. 『여기에 사는 즐거움』의 저자 야마오 산세이는 자신이 살아가는 그곳이 절이고 교회이고 수도원인 삶을 꿈꾸었다고 했다. 나는 고마운 인연 덕분에 자신이 사는 곳을 사원으로 삼고자 하는 높은 영혼들을 알게 되었다. 안다는 것은 묵직한 책임이 따르는 일이다. 나의 일터로 나가면서 마음속에 푸른 그늘의 오솔길을 만들어내지 못한다면 나와 맺은 인연들에 부끄러운 일이다. 교문 앞에서 숨을 고르며 소중한 곳으로 들어서고 있다는 자각으로 마음을 가다듬는 순간을 오솔길이라 부르자.

학교에 가면 교사에게 욕을 하고 약한 아이들을 집단적으로 괴롭히는 아이들과 다시 만날 것이다. 미술, 음악, 체육, 도덕, 한문, 우리 삶을 아름답게 하는 예술교육과 철학교육이 집중이수제로 단과학원의 강좌처럼 처리되는 모습을 보게 될 것이다. 일에 찌들어 옆에 앉은 동료 교사들과 즐거운 이야기 한마디 나눌 틈도 없는 교무실이 우리를 맞을 것이다. 학교와 교사와 아이들을 줄 세우기 하는 일제고사에서 뒤떨어지지 않기 위해 아이들을 다그쳐대는 비교육적 행위들이 난무하는 속에서 하루하루 살아가게 될 것이다. 그러나 그곳이 내가 선택한 나의 사원이라고 한다. 절이나 성당이나 교회에 갈 때 사람들은 깨끗한 옷을 입고 좋은 과일을 사고 아름다운 꽃을 들고 간다. 그랬으면 좋겠다. 새벽 꽃시장에서 가장 아름다운 꽃을 한 묶음 사 들고 가는 마음, 내가 가진 것 중에서 가장 향기롭고 좋은 것을 드리려고 가는 마음이 학교에 가는 나의 마음이었으면 좋겠다.

# 애기똥풀과 허수아비

학생들에게 두 편의 시를 주었다. 안도현 시인의 「애기똥풀」과 김종훈 시인의 「허수아비」를 읽고 둘 중에서 한 편을 골라 떠오르는 생각을 적어보기가 과제였다. 국어 선생을 하는 재미 중의 하나는 아이들의 글을 읽는 것이다. 문법도 맞춤법도 어설프고 문장은 엉성하지만, 작가들의 글을 읽을 때 맛볼 수 없는 소년다운 발상과 귀여운 유치함, 생동감, 때 묻지 않은 시선을 느낄 수 있다. 혼자 보기 아까워서 옆에 앉은 선생님들께도 읽어드린다.

애기똥풀

나 서른다섯 살 될 때까지
애기똥풀 모르고 살았지요
해마다 어김없이 봄날 돌아올 때마다
그들은 내 얼굴 쳐다보았을 텐데요

코딱지같이 어여쁜 꽃
다닥나닥 달고 있는 애기똥풀
얼마나 서운했을까요

애기똥풀도 모르는 것이 저기 걸어간다고
저런 것들이 인간의 마을에서 시를 쓴다고.

허수아비


'훠이'
아기 참새
쫓는 척만 하고


'예끼놈!'
아기 참새
겁준 척만 하고


정말은……


아기 참새
안아주고 싶은 마음


두
팔
벌렸다

기대했던 대로 아이들이 써낸 글은 시만큼이나 예쁘고 따스했다.
글이란 어쩌면 쓴 사람을 그렇게 똑같이 닮는 것인지 참 저답게 썼구
나 싶어 웃음이 절로 나왔다. 도서실 앞 복도에 걸어놓으려고 감상
문의 인상 깊은 문장들을 뽑았다.


조그만 꽃을 다닥다닥 붙이고 있는 것도 서러운데 사람들이 자기 이름
도 모르고 지나다니고, "내 이름은 애기똥풀이다." 하고 말할 수도 없는데
다, 이름까지 이상하니 더욱 서럽다.

(1학년 1반 신상원)

얼굴은 성나 있고 옷은 꼬질꼬질하고 내가 참새라면 허수아비 때문에 놀라서 입에 물었던 볍씨도 뱉을 것 같다. 어쩔 땐 허수아비가 부럽다. 가만히 앉아 한 곳만 바라보면서 멍 때리는 허수아비……

(1학년 1반 이성규)

내 생각으로는 허수아비는 너무나도 정신이 없고 많이 힘들 것이다. 자신을 만들어준 주인을 위해 벼들을 지켜내야 하기도 하지만 또 귀여운 참새들이 배고파하는 모습을 보면서 한편으론 '배부르게 먹여주고 싶다'라는 생각도 들 것이다. 벼를 지키려는 마음과 참새들을 사랑하는 마음이 만나서 허수아비는 혼란을 겪고 있을 것 같다.

(1학년 2반 김경태)

안도현 시인은 애기똥풀을 모욕했다. 코딱지는 드러운데 코딱지꽃처럼 어여쁜 꽃이라고 했다. 애기똥풀한테 빨리 용서를 구해야 한다.

(1학년 2반 양태빈)

나는 "코딱지같이 어여쁜 꽃", 이 말이 무슨 수사법을 사용한지는 잘 모르겠지만 "다닥다닥 달고 있는 애기똥풀"은 반복된 느낌이 들어서 반복법 같다. 이제 생각났는데 "코딱지같이 어여쁜 꽃"이 무슨 수사법을 사용했냐면 은유법이다. 배웠긴 배웠는데 잠시 헷갈렸나 보다. 그리고 또 재미있는 말이 있다. "애기똥풀도 모르는 것이 저기 걸어간다고." 이것은 애기똥풀이 말하는 것 같아서 재미있다. 이 시는 권장할 만한 재미있는 시이다.

(1학년 2반 이원형)

허수아비는 할 수 없이 아기 참새를 쫓는 척을 한다. 아기 참새가 놀라 도망갈 때마다 허수아비는 "가지 마, 가지 마." 그럴 것이다. 아마도 내가 좋아하는 한 여자아이가 버스에서 내릴 때 그런 맘일 것이다. 그럴 때는 그 아이가 안 갔으면 좋겠다. 내가 용기를 내어 말을 해도 상대방이 못 알아들을 때 창피하고 외롭다. 허수아비도 그럴 것이다.

(1학년 2반 김태환)

서른다섯이나 나이가 드신 어른이 애기똥풀을 모른다는 것이 신기하고 좀 우스웠다. 애기똥풀은 서운할 것 같다. 이 어른은 내 생각엔 애기똥풀한테 미안할 것 같다. 다음 봄부턴 애기똥풀을 꼭 보고 미안하다고 사과했으면 좋겠다.

(1학년 1반 임규태)

허수아비는 내가 생각하기 싫은 말이다. 왜냐하면, 할머니가 허수아비를 만들어서 세웠는데 옆에 비슷한 것이 여섯 개나 더 있었는데, 나는 그걸 악당으로 잘 꾸며서 때리고 부수고 돌 던지고 신 나게 놀았다. 그리고 할머니가 회관에서 돌아오시고 나는 할머니한테 뒤지게 혼났다. 나는 그날 이후 결심했다. 허수아비하고 다시는 안 놀기로 나는 결심했다.

(1학년 2반 한제돈)

애기똥풀이 얼마나 인기가 없으면 안도현 시인이 몰랐을까? 동화책에
도 나오고 만화책에서도 나오는데 안도현 시인은 그것도 모르고 있었던
것이다. 안도현 선생님한테 실망이다.

(1학년 1반 정건영)

선물을 할 때도 장미, 백합 같은 것들만 선물하는 것이 대부분이다. 다
른 사람들이 나를 애기똥풀처럼 생각하면 나는 이 세상을 살아갈 수 없을
것 같다. 이런 무관심 속에서 살아가는 애기똥풀이 안쓰럽고 불쌍하다.
애기똥풀은 착한 식물인데 존재감 있고 필요성 있는 것들만 고집하다 보
니까 애기똥풀을 쓸모없는 식물이라고 생각하게 된 거다. 그렇게 따지면
이 세상에 남아 있을 게 별로 없다.

(1학년 3반 이상훈)

우리는 작은 것들의 속마음을 잘 모른다. 그리고 우리 마음대로 생각
하는데 눈을 감고 오래 생각해본다면 모두 따뜻하고 귀여운 존재들이다.

(1학년 2반 엄현석)

애기똥풀과 허수아비는 외면당한 불쌍한 존재들이다. 허수아비는 참
착하고 바보 같다. 다 뜯어진 옷을 입고 푸시시한 밀짚모자를 쓰고 있다.
가만히 또 가만히 서 있으면서 태풍이 와도, 햇볕에 타 죽을 정도가 되어
도 가만히 있는다.

(1학년 1반 유달진)

나도 이런 시 한 개라도 만들어봤으면……

(1학년 1반 조성민)

말수가 적은 상원이는 애기똥풀이 자기 이름을 부끄러워해서 말
도 못할 거라고 생각하고, 설명을 할 땐 늘 딴생각을 하고 있다가 다
시 한 번 가르쳐달라고 나를 괴롭히는 성규는 허수아비가 부럽다고
한다. 저는 혼나지만, 허수아비는 가만히 앉아 멍 때리고 있어도 잔
소리를 듣지 않기 때문이다. 코딱지라는 말의 어감이 작고 귀여워서
애기똥풀에 빗대어도 이상하다고 생각하지 못했는데 시인이 애기똥
풀을 모욕했다는 태빈이 글을 읽으니까 갑자기 코딱지가 구체적으
로 떠오르면서 웃음이 나온다. 태빈이 말이 맞다. 코딱지가 예쁘면
수첩에 붙여놓지 왜 파내자마자 튕겨버리겠는가? 수업시간에 배운
수사법을 열심히 기억해내어 써먹은 원형이도 나를 웃게 한다. 하지
만 원형아, "코딱지같이 어여쁜"은 은유법이 아니고 직유법이란다.

어떤 주제를 내놓아도 느끼하고 야한 화제를 끄집어내는 재주가
있는 건영이는 친구들에게 인기가 엄청 많다. 안도현 씨에게 실망이
라고 직설을 날려서 아이들이 웃어댔다. 시인은 아마 귀가 가려웠을
것이다. 감상문을 쓰고 읽으면서 우리가 함께 시인의 마음에 다가간
느낌이다.

작은 것들의 속마음을 잘 모르면서 그 마음을 들여다보지 않고 멋대로 생각해버린다는 현석이의 문장은 수첩에 적어 넣었다. 꼭 나를 나무라는 메시지 같아서. 애기똥풀과 허수아비는 사람들의 관심 밖에 있다. 상훈이의 말대로 존재감이 없다. "다 뜯어진 옷을 입고 푸시시한 밀짚모자를 쓰고 태풍이 와도 햇볕에 타 죽을 정도가 되어도 가만히 있는" 달진이의 허수아비를 곰곰이 생각해본다. 바보 같은, 그러나 무시할 수 없는 힘이 있는, 소리가 없는, 그러나 마음에 와 닿는 어떤 말을 가진 사람의 모습을 그려본다. 내가 그런 사람을 그리워하며 그런 사람이 되고 싶어 한다는 걸 생각해본다. 아이들이 끼어드니 「애기똥풀」과 「허수아비」, 두 편의 시가 더욱 생생해진다. 아이들은 싱그럽고 생명력이 충만하여 애기똥풀이나 허수아비 같은 존재는 되고 싶지 않을 것이다. 그러나 언젠가는, 서른다섯 살쯤 된 어느 봄날엔가는 문득 애기똥풀이 가슴에 들어올 때가 있을 것이다. 그때 보는 애기똥풀은 지금 보는 애기똥풀과 아마도 다를 것이다. 존재감이 없는 존재의 큰 자리를 생각하게 될 것이다. 건영이도 그때는 시인과 같은 고백을 할지 모른다. 내가 애기똥풀을 모르고 살았구나, 하고.

# 즐거운 상상

2학기 중간고사 시험에서 종민이가 국어 주관식 답을 한 칸씩 뒤로 밀어 썼다. 제자리에 썼으면 모두 정답이었다. 지난 학기 시험에서는 주민이가 같은 실수를 했다. 종민이와 주민이는 내가 낸 문제를 이해했고 정답을 썼다. 문제지의 번호와 답안지의 번호를 맞추지 못한 실수가 있었을 뿐. 종민에게 점수는 줄 수 없지만 잘 풀었다고 말해 주었다.

"괜찮아. 그렇게 한 번 뜨건 맛을 보면 담부턴 안 그래. 정신이 번쩍 나."

남자애들은 위로를 이상하게 한다. 약 올릴 때나 어울릴 법한 문장을 아주 진지하고 따뜻한 음성으로 건넨다. 불난 데 부채질하는 건지 주민이는 자랑까지 했다.

"저, 이번에 국어 시험 30점 올랐어요."

아이들이 우하하하 웃었다. 종민이는 다행히 주관식 문제만 뒷부분에서 세 개 밀어 썼지만 주민이는 객관식 시험에서 왕창 밀었다. 적어도 30점 정도는 손해 봤을 것이다. 시험지를 다시 풀고 점수 확인을 하고 오답 노트를 다 쓴 아이들은 도서실로 자유독서를 하러 갔다. '자유독서'란 내가 읽으라고 내어주는 권장도서 말고, 좋아하는 책을 마음대로 골라 읽는 시간에 저희가 붙인 이름이다. 요리책도 좋아하고 선배들의 졸업 앨범을 보는 것도 좋아하는데 뭐니 뭐니 해도 도서실에서 가장 인기 있는 책은 '야쿨'이라는 애칭으로 불리는『야한 질문, 쿨한 대답』이다. 몇 권 있었는데 다 없어지고 두 권이 남아서 경쟁이 치열하다. 야쿨이 제자리에 꽂혀 있는 경우는 별로 없다. 야쿨을 접수한 녀석이 다음에 와서도 제가 차지하고 읽으려고 감춰두기 때문이다. 책꽂이 위에 안 보이게 올려 있기도 하고, 소파의 방석 밑에서 나오기도 한다. 아이들은 도서실에 오면 구석구석 뒤지면서 야쿨 찾기를 먼저 한다.

"크하하하! 과연 난 머리가 좋아. 흠……."

국어사전 상자에 넣어 사전들 사이에 끼워놓은 야쿨을 찾아내고 득의만만하게 웃는 걸 보면 나도 웃음이 난다. 오답 노트를 먼저 쓴 아이들이 도서실로 휘달려 가고 교실엔 문제를 아주 많이 틀려서 쓸 것이 많은 아이들만 남았다. 종민이를 보니 아무래도 맘이 짠하긴 하다.

"국어공부 많이 했어?"

"하루에 국어문제집을 두 번씩 풀었어요."

실수도 실력이라고 괜찮다고 의젓하게 말했지만, 속으론 많이 서운했는가 보다. 오답 노트에 뭐가 꼬물꼬물 그려져 있어 자세히 보니 종민이라고 짐작되는 졸라맨이 고개를 떨구고 슬프게 중얼거리고 있다. '실수 안 했으면 86점인데……' 교탁 앞에서 '맞았다고 해주고 싶지만, 지난번에 주민이 것도 오답 처리를 했고……' 뭐라 뭐라 하는 졸라맨은 나인가 보다.

얼마나 사무쳤으면 종민이는 시도 한 편 썼다.


밀렸음


국어 시간이 다가왔다

나는 중간고사 국어를 잘 봤다, 생각한다

기대를 했지만

밀려 썼다

하지만 밀려 쓴 거 봐주지 않는 세상

틀렸다.

예쁜 종민이. 국어 시간에 행복하게 해주겠다고 마음먹는다. 아이들은 틀린 문제를 삐뚤빼뚤 써나가고 나는 주관식 문제 채점이 제대로 되어 있는지 확인했다. 답안지를 나눠준 뒤에 각자 자기 점수를 확인하도록 했지만, 녀석들이 대강 보는 것 같아서 내가 다시 한 번 보기로 했다. 성진이와 종윤이에게 도와달라고 부탁했다.

"선생님, 7번은 배점이 5점인데 7점으로 계산하셨네요."

"답이 '인터넷'인데 '컴퓨터'라고 쓴 걸, 맞았다고 했어요."

"11점인데 15점이라고 하셨어요."

"점수는 25점인데 마킹은 21점에 해놓으셨네요."

틀리게 채점한 답안지들이 일곱 장이나 나왔다. 너무 정신이 없다. 두 녀석이 도와주지 않았으면 문제가 생길 뻔했다. 왜 이렇게 실수가 잦을까? 아이들도 나도 하는 일이 너무 많기 때문이 아닐까? 장터를 벌여놓은 것처럼 해야 할 일들이 여기저기 흩어져 있는 느낌이다.

퇴근하고 난 뒤에 한의원에 잠깐 들렀다. 며칠 전부터 발등이 아파서 발을 디딜 때마다 편치 않았다. 한의원에서는 피로를 먼저 풀어내라고 했다. 우선 침을 놓고 물리치료를 해보겠지만, 푹 쉬는 게 더 중요하다고 했다.

"시간이 얼마나 걸릴까요?"

대학원 수업과 친구들과의 저녁 약속시간을 계산해보면서 물었다. 30분 정도의 여유가 있었다.

"침은 15분 정도 맞으시면 되고요, 물리치료는 여유 있게 받으시면 좋지요."

그래서 침만 맞기로 하고 누워서 곧바로 잠이 들었다. 잠결에 침을 빼는 것 같기에 물리치료도 15분만 해달라고 부탁하고 다시 잠들었다. 잠속으로 빠져 들어가는 것이 1, 2초쯤 느껴지는 것 같았다. 쉰다는 건 얼마나 좋은 일인가.

바쁜 와중에 내가 상상하는 그림은 이런 것이다.

아침에 눈을 뜨면 깨끗한 아침 안개가 마을을 살풋 덮고 있다. 울타리 너머로 건너편 밭에 껑충하게 늘어서서 고개 숙인 수숫대가 보일 듯 말 듯하다. 참새들이 알곡을 다 까먹지 못하도록 얼굴에 망사를 하나씩 쓰고 있다. 몸도 마음도 개운하다. 수돗가에서 시원하게 세수를 하고 마루 끝에 앉아서 머리를 빗고 우선 밥을 지어야지. 애호박을 따서 채 썰어 냄비에 담고 새우젓과 들기름과 고춧가루와 다진 마늘을 약간 얹어 불에 올린다. 호박나물이 보글보글 익어가는 동안 된장찌개도 구수한 냄새를 풍기며 끓어오르기 시작한다. 천천히 밥을 먹고 차 한 잔 우려 마시자. 해가 뜨면 마당에 빨래 널고 간밤 덮고 잔 이불도 울타리에 널자. 한낮의 뜨거운 햇살에 포근히 부풀어 오르도록. 그리고 정돈된 거실에 앉아 공부를 하고 싶다. 독서도 공부도 편지도 밀려 있지 않고 하고 싶은 만큼 충분히 몰입할 수 있다. 예전에 아랫집 아저씨가 알려주신 대로 밭일은 해뜨기 전에 잠깐, 해 지기 전에 잠깐 하자. 아이들은 언제 가르치나? 수업을 끝내고 아이들이 내게 왔으면 좋겠다. 나는 아침도 못 먹고 학교에 가서 온

종일 시멘트 건물 안에 갇혀서 하루를 보내고 싶지 않다. 나는 행복하게 소설을 읽을 수 있다. 소설을 읽는 떨림을 이야기해줄 수 있다. 나는 시를 읽으면서 터질 듯한 긴장감을 느낀다. 시를 읽는 눈에 대해 이야기해줄 수 있다. 나는 공부하기를 좋아한다. 아이들과 서로를 방해하지 않으면서 서로 도우면서 함께 공부할 수 있다. 나는 아이들이 쓰는 글을 읽는 것을 좋아하고 아이들이 자기를 표현할 수 있도록 도울 수 있다. 길지도 짧지도 않게 하루에 세 시간만. 아이들이 오기 전에 집안을 말끔히 청소하고 옥수수와 고구마를 쪄놓고 미숫가루도 타놓아야지.

아이들에게 물어봤다.

"얘들아, 내가 학교 그만두고 예쁜 집 짓고 기다리고 있으면 수업 끝나고 올래?"

"예!"

아이들이 합창한다.

"왜요? 국어 접으시게요?"

병국이가 재밌는 표현을 한다. 국어를 접는 건 아니다.

"그런데 누가 월급을 주지? 쌀하고 반찬 살 돈은 있어야 하는데."

"요즘 쌀값 엄청 싸요. 고춧가루 값도 많이 내렸어요."

한길이의 말.

웃음이 난다. 역시 상상 속에서도 아이들은 등장한다. 점잖고 성실한 성결이, 의젓한 성진이, 쾌활한 종윤이, 조용하지만 적극적인 용

세, 믿음직한 병찬이와 태영이, 서로 살뜰하게 챙기는 쌍둥이 형제 동호와 동진이…… 학교에서 돌아오는 아이들이 내 집 마당에 시끌시끌 들어서는 소리가 들리는 것 같다. 뜨겁고 달착지근한 옥수수 냄새가 풍겨오는 것 같다.

종민아, 네가 문제를 잘 푼 걸 다 알면서도 밀려 쓴 거 봐주지 않는 세상, 나도 나쁘다고 생각한다.

# 배낭 속의 공책

1

며칠간 푹 쉬고 오겠습니다.

친구들과 전남 강진 남녘교회에 가서

일부 목사님과 함께 며칠간 단식을 하기로 했습니다.

돌아올 때, 도의 스님 계신 고창 미소사에 들러볼까 합니다.

몸을 비울 생각을 하니 영혼이 쉴 채비를 하는 것 같습니다.



2

무위사無爲寺

이름부터 편안하여 긴장이 풀린다.

절에 들어서는 순간,

뜻밖에도 흐드러지게 핀 분홍빛 매화나무를 만났다.

우린 어린아이들처럼 즐거웠다.

이름과 잘 어울리는 무위사의 평온함은

연필 스케치 같은 색채에서도 오는 것 같다.

무채색의 풍경 속에서 마당의 매화나무가 한 점 화사하다.

야트막한 대웅전이 위압적이지 않아 절 마당이 외가의 마당처럼 느껴
졌다.

무위사는 내가 바라는 그 무엇이었다.


무위사를 떠나면서 목사님께 전화드렸다.

"무위사에서 이제 막 출발했어요."

목사님은 반가운 음성으로 대답하셨다.

"아, 그랬구나. 참 잘했어요. 안 그래도 들러 오라고 하고 싶었어요."


3

다산초당 표지판 쪽으로 방향을 틀자

방죽 아래 조그마한 남녘교회의 첨탑이 보였다.

종탑과 마당, 원두막과 깨끗하고 아담한 뒷간이 있는 교회였다.

창호지문이 달린 방에서

목사님과 먼저 와 있던 두세 명의 식구들이

호들갑스럽지 않으면서 따뜻하게 맞아주었다.


굶으면서 하는 여행의 묘미는 해보지 않고는 모를 것 같다.

얼마나 가볍고 편안하고 마음이 단순해지는지.

강진으로 내려가는 길엔 배현숙 선배님과 박명순 선생님, 선이가 동행

했다.

배 선배님의 입담에 시간 가는 줄 몰랐다.

정읍 휴게소에서는 쑥 개떡도 사 먹었다.

얇고 기름이 자르르 흐르는, 맛있는 개떡이었다.

먹고 죽은 구신은 때깔도 좋다는, 배 선배님의 때깔론에 부화뇌동하여

점심까지 푸짐하게 먹은 다음 교회에 도착해보니

며칠 전부터 굶고 있는 분들이 말갛게 앉아 있는 것이었다.

그리고 미국에서 돌아온 옥주와 만나 꼭 껴안았다.

구불구불한 대들보와 노란 백열등이 있는 방이

우리가 묵을 방이다.



4

모처럼 아무런 약속도, 가야 할 곳도, 할 일도 없다는 사실이

깨끗한 종이처럼, 선물처럼, 안겨왔던 8월의 첫날,

공주대학교 가는 길의 건물과 건물 틈바구니에 낀 조그만 찻집에서

친구와 커피를 마셨다.

친구는 여행 중에 이탈리아에서 마셨던 추억의 에스프레소를 주문했지만,

나온 것은 공주시 신관동 에스프레소였다.

70살 될 때까지 거리의 커피숍에서 함께 에스프레소를 마시고 싶다고 했더니

무뚝뚝한 친구는 "그러자." 그렇게 단답형 대답을 했다.

옥주가 보낸 글 읽어봤니?

친구가 물었다. 옥주가 과제로 쓴 수필을 우리에게 보내줬는데,

영문이어서 난 아직 안 읽었던 거다.

대학 시절 옥주는 운동권 모임을 반대하시는 아버지에게 맞았다고 한다.

그 애는 가위로 제 머리를 거지처럼 아무렇게나 잘라버렸다.

친구가 고전독서회에서 서옥주를 처음 봤을 때,

쥐 파먹은 것 같은 머리를 산발하고 있었는데

웃는 눈이 너무나 선량했다고 한다.


옥주는 어느 날 밤 자기가 죽는 꿈을 꾸었다.

자기의 영혼이 감나무에 앉아 마을을 내려다보고 있었다.

사람들이 슬프게 우는 게 보였다.

옥주는 아버지와 화해하지 못하고 죽은 것이 너무나 슬펐다.

다행히 꿈이어서 죽지 않은 옥주는

세상과 화해하며 자신을 치유하며 끝없는 구도의 길을 간다.


한가로운 오후에 듣는 한 편의 에세이.

친구는 독특한 서사구조를 가지고 있다.

간결하게 약간의 줄거리를 옮기는데 내가 그 잠깐의 묘사에 빠져든다.

다 말하지 않아서, 스치듯 잠깐 보여줘서, 100퍼센트 감응하게 한다.


국화꽃 져버린 가을 뜨락에 문 열면 하얗게 무서리 내리고

나래 푸른 기러기는 들녘을 날아가네.


대전 유성구 장동의 달빛과 싸리꽃 덤불 속에서 채 선생님이 노래를 불렀다고

어느 날 친구가 말했다.

달빛에 나래 푸른 기러기를 아는 사람.

내가 채 선생님을 따라다닌 데는 그 풍경도 한몫했다.


옥주가 오랜만에 곁에 돌아와 있다. 함께 굶으려고.

5

아침에 이불을 개 얹고 목사님의 죽비가 울리면

도법 스님의 생명평화서원문에 맞추어 백배를 올렸다.


진리가 삶을 자유롭게 한다는 말씀을 마음에 새기며

첫 번째 절을 올립니다.

끊임없는 자기 성찰이 문제 해결의 첫걸음임을 믿으며

두 번째 절을 올립니다.

삶의 근본을 모르고 사는 나의 어리석음을 돌아보며

세 번째 절을 올립니다.

스스로의 삶을 실사구시적으로 살지 못한 점을 반성하며

네 번째 절을 올립니다.

생명위기, 평화위기라는 현대문명의 현실을 직시하며

다섯 번째 절을 올립니다.

반 생명, 비인간화의 모순과 위험이 내 안의 이원론적 세계관에서 비롯

된다는 사실을 가슴에 새기며

여섯 번째 절을 올립니다.

소유는 또 다른 소유를 낳고 전쟁은 또 다른 전쟁을 낳을 뿐, 문제 해

결이 될 수 없다는 진리를 가슴에 새기며

일곱 번째 절을 올립니다.

부자와 일등이 행복하다는 것은 실현될 수 없는 관념의 허상일 뿐임을

가슴에 새기며

여덟 번째 절을 올립니다.

세상에 대한 나의 역할이 무엇인지 모르고 사는, 무지에 대한 부끄러움을 가슴에 새기며

아홉 번째 절을 올립니다.

너에 의지해서만 내가 존재한다는 관계의 삶이 생명평화의 길임을 가슴에 새기며

열 번째 절을 올립니다.

......


백 개의 서원문이 살아 있는 동안 내 세포마다 스며들게 해달라고 기도했다. 올해도 단식으로 한 해를 시작하게 되어 기쁘다


6

아침

딱딱. 죽비소리와 함께 시작하는 백배百拜가 정말 좋았다

강을 향해 밭 사이 긴 둑을 따라 걷는 아침 산책도 좋았다

영랑시집을 호주머니에 넣고 와서 아침 강을 따라 걸으며

낭송 퍼포먼스를 해준 벗섬 때문에

영랑시의 매력을 처음 느꼈다.

돌아오는 길에 등 뒤로 붉게 떠오르던 아침 해.
굶은 마음엔 그 해가 쌍화탕 속의 계란 노른자로 보였다.


바다가 보이는 해수탕 속에서
흐릿한 바다의 작은 배들을 바라보는 것도 좋았다
해수탕에서 나와 오랜만에 깔끔해진 서로에게
"몰라 뵈었습니다."
덕담을 주고받았다.


찬바람이 횡 횡 부는 들판을 걸어오면서
왜 신학을 전공했느냐고 목사님께 여쭈었다.
목사님은 웃으면서 답을 갈망했다고 하셨다.


7

숨은 색채를 불러내는 여인, 소목과 오배자 염색을 가르쳐준 선이
마당의 무쇠솥 아궁이에 장작을 피워 물을 끓이며,
매염제에 따라 붉은색 보라색으로 바뀌는 색의 마술에 넋을 빼앗기며,
마당에 염색한 천을 널어 햇살 아래 펄럭이는 풍경을 바라보았다.
선이는 이날 이후 몸져누웠다.
그러나 바느질이 다시 시작되자 시금치 먹은 뽀빠이처럼 일어나

지갑 만들기 강의를 마무리 짓고,

염색한 손수건에 꽃수를 하나하나 놓아 선물해줬다.

그녀의 이름은 수노아 선생이 되었다.


기어이 매생이국을 먹고 떠나겠다는 수노아 덕분에

남녘교회를 떠나는 아침, 매생이 굴국을 처음 먹어봤다.

매생이국은 연인의 집에 처음 인사드리러 온 신랑감에게 먹인다는 말

이 있다.

김은 나지 않는데 매생이에 가려진 속국물이 어찌 뜨거운지

성질 급하게 덤비면 혓바닥을 덴다.

침착하지 못하다고 눈 밖에 난 신랑감도 있었을까?

단식 끝에 맛보는 매생이국의 향긋한 냄새와

텃밭에서 겨울을 난 배춧잎의 고소함이 가득 퍼진다.

양념 맛이 아닌 배춧잎의 진짜 맛도 처음 알았다.



8

미소사는 전북 고창에 있는 자그마하고 아름다운 절이다.

시 쓰는 사람, 소설 쓰는 사람, 노래하는 사람

그런 이들이 미소사를 찾아와 묵으면서

시도 쓰고 소설도 쓰고 노래도 부른다.

미소사의 새벽도 죽비소리와 함께 밝아왔다.

백배를 올리면서 듣는 생명평화 서원문은

오랫동안 정신없이 굴려온 삶을 돌아보게 한다.

의형제이신 스님과 목사님이 반가이 맞절을 올린 뒤,

스님은 상석과 죽비를 목사님에게 내드리고 옆자리로 옮겨 앉으셨다.

당연하게 생각해온 이러한 풍경, 이러한 깊이, 이러한 관계가

문득 너무나 아름답고 고마웠다.

두 분을 모시고 이기자 선생님, 김정화 선생님, 경실이, 순이, 미숙이,

그리고 남녘에서 만난 친구 미선이와 둘러앉아 이야기를 나누었다.


9

스님과 산에 올라 시누대를 꺾어 대나무 포크를 만들기로 했다.

굶어서 그런지 방장사까지 그리 멀지 않은 산을 오르는데 숨이 찼다.

산 아래에 부려놓은 기왓장을 하나씩 들고 올라가

절 마당에 쌓는 보시를 했다.

그런데 우리가 꺾을 시누대는 처음 산을 오르던 지점,

산 아래에 있다는 것이다.

스님은 우릴 산책시키신 것이다. 기운이 좌악 빠지는데

경실이가 나폴레옹의 군대가 왜 전멸했는지 이야기를 해주었다.

혹독한 추위 속에서 병사들은 죽을힘을 다해 산에 올랐는데

나폴레옹이 말 위에서 이렇게 말하는 게 아닌가,

"이 산이 아닌개벼."

그 말을 듣고 반이 죽었다.

나머지 반이 다시 죽을힘을 다해 다른 봉우리에 올랐다.

그리고 그 절반도 다 죽었다. 나폴레옹이 이렇게 말한 거다.

"아까 그 산인개벼."

웃느라고 힘든 것을 잊었다.


산에서 내려와 시누대를 꺾고 미소사 마당에 모여 앉았다.

솜씨 좋은 도의 스님께 배워 예쁜 대나무 포크를 만들었다.

강아지 온달이와 미달이는

스님의 바짓가랑이 주위에서 떠나질 않는다.



10

수노아가 천과 바늘, 실, 단추, 레이스를 가지고 절에 왔다.

그녀의 눈이 고른 거라 재료 하나하나가 세련되고 품격 있다.

저녁으로 효소를 마시고 스님도 함께 둘러앉아

수노아의 지도를 받아가며 손바느질로 주머니를 만들었다.

다들 바느질에 집중하여 조용한데 창밖에선 빗소리가 들려온다.

참 오랜만에 듣는 빗소리……

촛불은 앞에서 은은히 타고 아무 생각이 안 났다.

수노아는 이래서 밤을 새우며 바느질을 하는가 보다.

수노아는 꼭 필요한 장식이 아니면 허락하지 않는다.

나도 단추를 네 개나 달려고 하다가 잔소리를 듣고 하나 뺐다.

빼고 나니 예쁘다.

사람 사는 것도 똑같은 거겠지.

삶에서 불필요한 것들을 욕심내지 않는 일,

내 영혼이 불필요하다고 깨닫고 덜어내는 일.

고맙다 친구야.


11

남해군 설천면 진목리 갯벌 생태학교에서 바다까지는 걸어서 십오 분

일과가 끝나면 우린 학교를 빠져나와

달빛에 젖은 푸른 골목길을 끼고 바다로 갔다.

모든 관계, 존재, 의무에서 풀려난 것 같은 순간

달밤의 마을은

이윤기의 소설 '크레슨트 비치'에 나오는 표현을 잠시 빌리면,

굳이 아름답지 않아도 상관없었지만

그러나 정말 아름다웠다.

조그만 창문을 매단 집들과, 논과, 밭은 깊은 잠에 들어 있고
밀물의 바다, 둑에 걸터앉아
좋은 사람들과 바다 가운데 부서진 달빛을 오래오래 보았다는
이 구절이, 이 심상이
아주 뒷날에 안타까운 보석 같을 거라는 생각을 해본다.


12
쌍계사에서 수안 스님 만나고 돌아오다가
악양 어디쯤 섬진강가 나무 그늘에 돗자리를 폈다.
이기자 선생님, 박명순 선생님, 선이, 종철
하늘과 강물과 조붓한 둑을 따라 조금씩 옷자락을 내려놓는 저녁
햇살
야채 효소 한 컵씩 앞에 놓고
우리의 식사는 조금도 부족하지 않았다.
먹지 않는 여행은 아주 가볍고 풍요로웠다.
혼자 극장에 앉아서 심야영화를 즐기는 박 선생님과 영화감독이 있
으니
참 많은 영화이야기가 펼쳐졌다.
내가 앉은 풀밭 주위가 투명한 스크린처럼 느껴졌다.

13

'아무것도 안 하고 가만히 좀 쉬는 일'이 가장 어렵다.

단식은 그것을 가능하게 해준다.

먹는 일로부터 풀려나게 해주고

씻는 것도, 움직이는 것도, 말하는 것도, 책 읽는 것도

최소한으로 줄일 수밖에 없다.

생각에도 여백이 생긴다.

곁에 있는 사람들에게 차분하게 집중하게 된다.

참 귀한 사람들이구나, 하는 생각이 든다.

끊임없는 자기 성찰이 문제 해결의 첫걸음임을 믿는 사람들.


먹을 수 있어서 고맙고

먹지 않을 수 있어서 고맙다.

# 옛집을 향하여

어릴 때 엄마가 아프면 엄마의 요강에서 약처럼 쓴 냄새가 났다. 지금 내 방에서도 잘 달인 한약 냄새가 난다. 내 손에 들린 까만 약사발을 바라보며 엄마의 요강이 삼십 년의 세월을 건너와 내 앞에 있는 것 같다는 생각을 한다. 해가 저물기 전에 산 밑 외딴집은 할 일이 많았다. 서늘한 산 기운이 내려오는 저녁, 마른 솔가지를 무릎에 대고 꺾어 아궁이에 밀어 넣으면서 엄마가 앓아누워 있는 안방 구들을 덥히는 그 일을 다시 하기 어려울지도 모른다. 외딴집의 다섯 딸들이 자라서 하나둘씩 떠나고 마지막으로 엄마까지 딸들이 마련한 도시의 거처로 옮기게 되자 매미가 벗어놓은 허물처럼 텅 빈 집이 혼자 남았다. 가마솥의 물이 데워지면서 피시식 피시식 김을 뿜는 소리, 주걱으로 밥을 휘저어 한 뜸을 들이기 위해 솥뚜껑을 열 때 얼굴로 덮쳐

오던 밥 냄새와 뽀얀 밥 김, 옹솥에 받아두었던 쌀뜨물에 된장을 풀고 호박과 대파와 고추를 썰어 넣고 나면 불기운에 솥이 달아오르며 마당까지 퍼지던 구수한 된장국 냄새 같은 것들이 투명해진 빈집의 기억 속에서만 떠돌고 있을 것이다. 동생들은 마루를 닦고 빨래를 개고 장독 항아리 뚜껑을 덮었다. 요강을 수세미로 깨끗이 씻어서 마루 위에 올려놓으면 기분이 좋았다. 엄마란 영원히 아픈 존재가 아니라 자식들이 좀 더 부지런히 집안일을 하면서 철이 든 흉내를 내도록 가끔 시간을 주는 그런 사람인 줄 알았고 자식들이 그렇게 믿으면서 커가도록 엄마는 아팠다가 자리를 털고 일어났다가 하면서 늙어가셨다.

기운 없는 엄마 대신 청소를 하고 빨래를 개면서 내 딸애도 철든 흉내를 내는 휴일이다. 한약을 마시고 일어나 베란다에 문종이를 깔고 어린 날의 가을 햇살 속에 호박을 썰어 널었다. 농사짓는 고마운 벗들이 여름내 호박을 하나둘씩 따주곤 해서 나물도 해 먹고 호박전도 해 먹고 된장국에도 넣고 실컷 먹고도 몇 덩이가 남았다. 반달 모양의 호박은 금방 꾸득꾸득 말라갔다. 내일과 모레 한 이틀쯤 날이 좋다면 겨울 한 철 잘 먹을 나물거리가 마련되겠다.

불의 신이시여
비의 신에게 전해주세요
다음 주에는 벼 타작도 해야 하고

호박도 더 이상 그냥 둘 수 없어요.

더 늙기 전에 썰어 널어 말려 들여야 해요

제가 호박 좋아하는 거 다 아시지요

그러니 다음 주에는 참아달라고

비의 신에게 전해주세요

잊으시면 안 돼요.


이 시가 참 좋다. 최성현 선생의 산문집『산에서 살다』에 나오는 그의 시인데, 논 한 마지기도 밭 한 뙈기도 없는 나도 호박을 널면서 중얼거린다. '다음 주에는 벼 타작도 해야 하고 호박도 더 이상 그냥 둘 수 없어요. 저도 호박 좋아하는 거 다 아시지요.' 일본의 원주민인 아이누는 바람, 비, 나무, 불, 그릇, 장롱, 호미…… 이 세상의 모든 것에 신이 있다고 여긴다고 한다. 그중에서도 불의 신과 가장 친해서 다른 신에게 부탁할 일이 있어도 불의 신에게 이야기한다는데 최성현 선생은 그 이유에 대해 이렇게 짐작했다.


불은 알고 있으리라. 자신이 있기 위해서는 나무와 공기만이 아니라 물도 바람도 햇빛도 사람도 필요하다는 걸. 세상의 모든 것이 필요하다는 걸. 이렇게 소급해가다 보면 세상 모든 것이 있어야 꽃 하나가 피게 되고, 비 한 방울이 내리게 되는 걸 알 수 있다. 온 우주가 있어야 그대와 내가 숨 한 번을 쉴 수 있는 것이다. 불은 인간을 통하지 않고서는 자신의 모습을 드러낼 수 없다. 인간이 없다면 100년이나 200년에 한 번쯤 맞닿은 나무가 제 몸을 비벼가며 자신을 불러낼 때를 기다려야 한다. 불은 인류가 지상에 출현하며 비로소 빛을 보게 됐다. 그 전에는 길고 긴 어둠 속에 갇혀 있었다. 아무도 인간처럼 불을 필요로 하지 않았다. 서로 필요로 하고 도와야 하는 관계, 이런 생각에서 아이누는 불을 신들의 대변자로 여겼는지 모른다.

아궁이에 군불을 지피고 밥을 짓기 시작할 때 우리들의 나이는 열 살을 넘길까 말까 했었다. 우린 불을 다룰 줄 알았다. 솔잎불은 바람에 남실거리는 비단처럼 매끄럽게 소리 없이 타들어 가는 불이기 때문에 함부로 휘젓지 않고 가만가만 밀어 넣어주면 되었고 화라지는 이름처럼 화닥화닥 성깔 있는 불꽃을 피워 올리면서 잎사귀만 화라락 태워버리기 때문에 가끔 부지깽이로 나뭇단을 들어 올려 바람을 통하게 해주면 골고루 잘 타는 불이었다. 중솥에 밥이 끓기 시작하면 불 좋은 나무는 꺼내서 옹솥이 걸린 아궁이로 옮겨 국을 끓였고 중솥 아궁이의 남은 밑불이 김을 굽기에도 은은히 밥 뜸을 들이기에도 알맞다는 걸 알았다. 아궁이 앞에서 김을 굽고, 가끔 부삽에 생선 토막을 굽고, 나물을 무쳤다. 불의 신은 외딴 집 아이들을 위해 함께 사는 숱한 신들에게 부탁했을 것이다.

우물의 신이여, 사철 가물지 말고 두레박 가득 신선한 물을 내주시오.

솥의 신이여, 들판의 풍요한 기운이 따스한 밥에 배어들게 해주시오.

고추밭과 배추밭을 지나는 뱀의 신이여, 아이들의 발꿈치를 지켜주시오.

까만 약사발의 신이여, 아이들의 어머니가 건강하도록 돌봐주시오.

아, 상수리 숲에 흐르던 달빛과 안개와 비온 뒤의 구름과 말갛게 헹구어진 햇살의 신들로부터 즐거운 지지를 받으며 내 영혼이 꿈을 품었었다는 것을 생각하게 된 지금, 나는 몸이 아프다. 서둘러 버리고 떠난 우물과 아궁이와 마당의 감나무와 뒤란 대숲의 바람과 함석지붕을 두드리며 떨어지던 상수리와 이른 아침 이슬 젖은 풀숲에 알밤을 감추었다 손에 쥐여주던 뒷산, 아름다운 신들의 이름을 오랜만에 불러보면서 마음이 아프다. 엄마는 분명히 아들 낳을 욕심에 내 밑으로 넷이나 되는 여동생들을 두었겠지만 일흔이 넘은 지금도 아니라고 잡아떼신다. 내 바로 아래 동생의 사진은 남자애의 모습을 하고 있다. 상고머리에 반바지, 흰 고무신. 그러나 그 아래 태어난 셋째가 우리 형제 중 가장 여성스러운 딸이다. 넷째 역시 남자애처럼 키웠지만, 막내도 딸이었다. 아침마다 우리는 법석을 피우면서 양말을 가지고 싸웠고 우산을 가지고 싸웠다. 딸 다섯이 모인 집은 늘 부산스럽고도 아기자기했다.

"어렸을 때 언니가 소프라노와 알토로 나눠서 로렐라이 언덕을 가르쳐줬지. 산에 가서 나무할 때 언니가 지휘하고 우리는 노래 부르고 정말 재미있었어."

"난 도시락 싸들고 개울둑에 소풍 갔던 것이 제일 기억에 남아."

"달밤엔 언니가 우리를 몰고 등구나무까지 걸어가면서 중창을 했지."

"언니가 제일 미웠던 때는 텔레비전 못 보게 했을 때야. 캔디가 얼마나 재미있었는지 기억나지? 그것 좀 몰래 보려고 하면 어느새 나타나서 공부 안 하고 텔레비전 본다고 빗자루로 우릴 때렸어."

언니의 힘으로 나는 동생들을 하나씩 도시로 불러냈고 그들도 빛나는 신들의 기억을 지웠다. 매사 잘한다고 한 일들이 돌아보면 그렇듯 삶을 무겁게 한 일들이었다. 한약 냄새가 떠도는 아파트 베란다에 앉아 호박을 뒤집으면서 내 몸이 분명 허물처럼 벗어버리고 떠나온 나의 옛집이라는 생각을 한다. 오랜 시간 내 마음은, 내 영혼은 내 몸을 떠나 분주했었다. 고향에 사는 친구의 말이 너의 빈집 은행나무가 혼자 은행을 맺고 마당을 황금빛으로 물들이고 감이 붉어가는 모습이 너무나 아름답고 쓸쓸하여 눈물이 난다고 한다. 금방이라도 중학생인 네가 자전거에 책가방을 매달고 걸어 나올 것 같다고 한다. 그렇게 말해주는 친구가 고마워서 웃었다. 옛집을 다시 생각하는 건 내 몸을 생각하는 일이고 내가 있기 위해서는 나무와 공기만이 아니라 물도 바람도 햇빛도 사람도 필요하다는 걸, 세상의 모든 것이 필요하다는 걸 다시금 짚어보는 일이다. 온 우주가 있어야 그대와 내가 숨 한 번을 쉴 수 있다는 것을 마음이 아니라 몸으로 생각하는 일이다.

옛집을 회복하는 나를 꿈꾼다. 문짝을 떼어내 먼지를 털고 마른걸레질을 하고 가을볕 아래 문종이를 다시 바르면서 오랜만에 반가이 불의 신을 마주 보는 나를 생각한다.

불의 신이시여
문종이를 바르고 있어요
비의 신에게 전해주세요
풀이 마를 때까지만 참아달라고
잊으시면 안 돼요.